AS PALESTRAS DO MONGE

Editora Appris Ltda.
1.ª Edição - Copyright© 2020 dos autores
Direitos de Edição Reservados à Editora Appris Ltda.

Nenhuma parte desta obra poderá ser utilizada indevidamente, sem estar de acordo com a Lei nº 9.610/98. Se incorreções forem encontradas, serão de exclusiva responsabilidade de seus organizadores. Foi realizado o Depósito Legal na Fundação Biblioteca Nacional, de acordo com as Leis nos 10.994, de 14/12/2004, e 12.192, de 14/01/2010.

Catalogação na Fonte
Elaborado por: Josefina A. S. Guedes
Bibliotecária CRB 9/870

A345p 2020	Albuquerque, Mário Pimentel As palestras do monge / Mário Pimentel Albuquerque. 1. ed. - Curitiba: Appris, 2020. 219 p. ; 23 cm – (Artêra) Inclui bibliografias ISBN 978-65-5523-544-9 1. Ficção brasileira. I. Título. II. Série. CDD – 869.3

Appris editora

Editora e Livraria Appris Ltda.
Av. Manoel Ribas, 2265 – Mercês
Curitiba/PR – CEP: 80810-002
Tel. (41) 3156 - 4731
www.editoraappris.com.br

Printed in Brazil
Impresso no Brasil

Mário Pimentel Albuquerque

AS PALESTRAS DO MONGE

FICHA TÉCNICA

EDITORIAL
Augusto V. de A. Coelho
Marli Caetano
Sara C. de Andrade Coelho

COMITÊ EDITORIAL
Andréa Barbosa Gouveia (UFPR)
Jacques de Lima Ferreira (UP)
Marilda Aparecida Behrens (PUCPR)
Ana El Achkar (UNIVERSO/RJ)
Conrado Moreira Mendes (PUC-MG)
Eliete Correia dos Santos (UEPB)
Fabiano Santos (UERJ/IESP)
Francinete Fernandes de Sousa (UEPB)
Francisco Carlos Duarte (PUCPR)
Francisco de Assis (Fiam-Faam, SP, Brasil)
Juliana Reichert Assunção Tonelli (UEL)
Maria Aparecida Barbosa (USP)
Maria Helena Zamora (PUC-Rio)
Maria Margarida de Andrade (Umack)
Roque Ismael da Costa Güllich (UFFS)
Toni Reis (UFPR)
Valdomiro de Oliveira (UFPR)
Valério Brusamolin (IFPR)

ASSESSORIA EDITORIAL
Renata Cristina Lopes Miccelli

REVISÃO
Andrea Bassoto Gatto

PRODUÇÃO EDITORIAL
Gabriella Saboya

DIAGRAMAÇÃO
Daniela Baumguertner

CAPA
Eneo Lage

COMUNICAÇÃO
Carlos Eduardo Pereira
Débora Nazário
Kananda Ferreira
Karla Pipolo Olegário

LIVRARIAS E EVENTOS
Estevão Misael

GERÊNCIA DE FINANÇAS
Selma Maria Fernandes do Valle

COORDENADORA COMERCIAL
Silvana Vicente

AGRADECIMENTO

Agradeço a Deus por ter me dado saúde e força para superar as dificuldades.

Agradeço à minha mulher, Luciana Farah Albuquerque, pelo amor, incentivo e apoio incondicional.

SUMÁRIO

A CHEGADA 9

O DIA SEGUINTE 13

O SEMINARISTA EM APUROS 19

A HISTÓRIA DO DIABO 29

O MILITANTE SE MANIFESTA 39

ÓDIO X AMOR 51

O JOVEM E A VISITA DE UM ESTRANHO 57

LEGIÃO E O MAL 73

AS FORMAS E A LIBERDADE NA ARTE 91

UM RECITAL INFERNAL 99

A DECEPÇÃO DO MILITANTE 103

SATÃ E O SOCIALISMO 111

O SOCIALISMO MARXISTA 127

O SACERDOTE COMUNISTA 137

MANIFESTANTES SE REBELAM CONTRA O MONGE 149

OS DEMAGOGOS 153

A VISITA AO PARTIDO 165

OS INTELECTUAIS SOCIALISTAS 171

OS MILITANTES SOCIALISTAS 185

APOLOGIA AO ASSALTO. LEGIÃO OUTRA VEZ 205

A CHEGADA

Aquela tarde ensolarada de setembro foi para mim um divisor de águas. Posso dizer com certeza que aquela jornada constituiu o marco que fixou um antes e um depois na minha biografia. Nessa data iria começar um ciclo de palestras sobre os diálogos de Platão, todas elas ministradas por um religioso, um espírito superior, conhecedor profundo da matemática, lógica, filosofia, física e teologia, cuja modéstia não sei se me autorizaria a divulgar o seu digníssimo nome. Por isso, silencio-o. Nomei-o somente de Monge.

Ansioso por chegar ao mosteiro no centro do Rio, lembro-me de que foram tantos os obstáculos que tive de transpor até chegar àquele venerável edifício que não pude participar integralmente da oração do *Pai Nosso*, com a qual o Monge dava início às palestras. Não foi por desídia nem por esquecimento, mas envolvido como estava com as eleições daquele ano, não me dei conta de que elas seriam a única razão de meu atraso e o principal motivo a lamentar caso eu perdesse aquele solene encontro com Platão.

Aproximavam-se, como já disse, as eleições, e as ruas estavam mais povoadas que de costume; mas, como sempre, com um trânsito moroso e motoristas alterados. Sobre as calçadas, camelôs, acrobatas, músicos, cantores e oradores rivalizavam em estridência com numerosos grupos que portavam bandeiras partidárias e distribuíam santinhos. Dir-se-ia tratar-se de uma orgia democrática e diabólica que, sem se dar sequer intervalos de repouso, inundava os dias e as noites com gritos, ruídos, estrondos e vaias. Meu carro mal avançou cem metros, eis que à minha frente surgiu um perna de pau acompanhado de um anão, ambos agitando bandeirolas; à esquerda, um mendigo balbuciava algo como uma canção que ninguém escutava; um homem esquálido, em troca de um sanduíche, torcia os lábios e estufava o peito à força de tirar do pistão o refrão de um candidato; compraziam-se os jovens em soltar rojões; os velhos bebiam e davam impudentes gargalhadas; camelôs roucos tentavam em vão abafar o estrépito dos fogos e dos megafones que anunciavam a realização de um comício. Em suma, depois de uma hora consegui chegar ao meu destino convencido de que nesses períodos eleitorais, mais do que no carnaval, os ânimos se exaltam, os freios morais relaxam e libertam uma fera reprimida que não recua, dando-se o caso e a ocasião, ante a prática da mais sórdida baixeza e até mesmo do cometimento de um crime.

Tonto ainda pelo efeito conjugado do calor e daquela desordem infernal, dizia para mim mesmo quão loucos são os homens que chamam de festa e recreação a esses acessos de furor coletivos, capazes somente de ferir os ouvidos, de atacar os nervos e impedir o sono. Agora, mais do que nunca, desejava o silêncio do claustro.

Entrei finalmente nesse celebérrimo mosteiro, onde vivem cenobitas contemplativos, em tudo semelhantes aos que na Idade Média atraíam o respeito e a admiração da cristandade pela ordem de São Bento. Acompanhado agora por um colega, que também chegava atrasado, caminhei por entre os corredores da fortaleza sagrada, que pareciam recomendar ao meu espírito, a cada passada, moderação e silêncio durante o longo trajeto até a sala de aula. Passei por homens encapuzados, anciãos quase todos, quase todos veneráveis por seus semblantes absortos e taciturnos, muito embora radiantes de luz em seus olhos. À vista daquele solene momento murmurei: "Aqui, definitivamente, é a casa da verdade; esta casta e augusta senhora, que ama o silêncio e celebra a paz".

Afinal, cheguei à sala em que mestre e alunos contritamente recitavam o *Pai Nosso*. Consegui um lugar no flanco esquerdo da sala, bem à frente, de modo que pude observar e ouvir completamente os gestos e as palavras do venerável Monge. Pareceu-me um homem fora do comum. Era branco, cabelos castanhos, bem penteado, tinha um rosto magro, do qual sobressaíam dois olhos vivos, nos quais se liam uma grande inteligência e singela bondade. Lembrava vagamente o *Cavaleiro da Triste Figura*, exceto a barba, que era farta. Mas apresentava o aspecto e os modos do antigo fidalgo, de um fidalgo que abandonara a pátria e a linhagem, mas não a dignidade nativa do cavaleiro.

Descobri, ainda, falando com pessoas que o conheciam, que, embora sabendo profundamente a física e a matemática, sua vocação era a filosofia, cujas fórmulas rigorosas aplicava na teologia, como convinha a seu gênio lógico.

Era modesto ao extremo, o que tornava difícil, até mesmo para seus alunos, ter uma noção exata da extensão de suas obras. De qualquer modo, sabe-se que algumas delas foram traduzidas para várias línguas, notadamente as relacionadas com temas tomistas. Dava a impressão de uma contida alegria ao ver a afluência de gente na diminuta sala, especialmente reservada para aquele evento. Apresentou-se discretamente e indagou de nós o que sabíamos sobre Platão. Inibidos como estávamos, ou pela sublimidade do momento ou pela veneranda figura do mestre, fato é que ninguém se atreveu a responder. Disse ele então:

— Quando se trata de enfrentar Platão, o silêncio constitui uma prudente estratégia. Sei que corremos o risco de sermos esmagados por essa formidável massa de ensinamentos, afinal, Plínio também teve que corrê-lo para estudar os fenômenos naturais. O conhecimento é como um fruto maduro suspenso no topo de uma árvore centenária: é necessário arrojo para alcançá-lo e alguma prudência para que ele não nos caia na cabeça.

Feita essa advertência, o austero ancião tomou numa das mãos um exemplar do *Banquete* e com a outra começou a escrever no quadro negro o título do tema que iria abordar naquelas palestras: "O demônio de Sócrates". O estupor tomou conta da turma, que esperava alguma coisa relacionada à teoria das ideias, afinal, não estávamos ali para conhecer o pensamento de Platão? Graças a uma ponta de curiosidade que o tema sugeria, a decepção não foi completa. Pressentindo o desânimo na generalidade dos presentes, o Monge disse:

— Vocês devem confiar sempre nos gregos, por isso começo com o maior deles para demonstrar a existência do mal no mundo; o responsável indireto, muitas vezes, pelas nossas calamidades e extravios, pelas guerras e genocídios, pelas blasfêmias e sacrilégios. Falo do demônio.

Não fosse pela autoridade moral daquele que estava além das carteiras, os que estavam aquém delas teriam abandonado a sala de aula naquele mesmo instante. Não se murmurava, mas o protesto dos olhos era tão eloquente que o imperturbável Monge, prevendo uma defecção geral, achou por bem dar início a sua exposição com um breve esclarecimento.

— Não estou aqui para falar sobre mitologia ou ficção. Sou consciente de que o tema que me propus avançar nestes nossos encontros é insípido e desencorajador aos olhos modernos, posto que, para estes, o mal é sempre um predicado, jamais um sujeito. Contudo, indago dos senhores, é lícito supor que entre os filósofos modernos sejam contados um Sócrates ou um Platão? Que cientista contemporâneo é mais sábio que Aristóteles ou Plínio? Haverá, atualmente, escritores com talento superior ao de Virgílio, Tácito ou Plutarco? No entanto esses gênios da antiguidade não só criam, mas também temiam e respeitavam deuses e demônios. Portanto, em homenagem a eles, admitamos por ora como hipótese de trabalho a existência desses seres espirituais, tal como o fez Descartes em relação ao *Gênio Maligno*. Ao final das palestras, tiraremos conclusões definitivas.

A proposta era irrecusável. Até mesmo os que antes resistiram ao tema, pasmaram a vista no rosto do Monge e se renderam.

O DIA SEGUINTE

Já começava a anoitecer quando o Monge deu início à exposição que prometia demonstrar a existência do diabo e a sua influência maléfica sobre a humanidade. Os raios do sol já não atravessavam mais as janelas, de modo que o ambiente se tingia aos poucos de um cinza fosco, a cor que convém à solenidade do mistério. O mestre começou então a falar:

— Não peço que acreditem em mim, mas nos depoimentos que a história registra acerca de homens cuja respeitabilidade é inquestionável. A história é apartidária e se seus anais fossem mais frequentemente consultados, a humanidade lembrar-se-ia mais de seus filósofos e poetas do que de seus políticos e generais. Trago para vocês hoje o testemunho de Sócrates sobre o tema que irá nos ocupar durante os próximos encontros. Esse grande ateniense nasceu em 470 a.C., era escultor como o pai e acreditava ser portador de uma vocação divina. Muito cedo abandonou o cinzel e, após ter combatido valentemente os inimigos da pátria, atacou os sofistas, os quais denunciava como homens sem convicções, impudentes que não buscavam senão enganar com uma linguagem sutil. Procurando a verdade de boa-fé, ele se despojou de prejuízos, supôs que não sabia nada e estudou a si próprio para conhecer melhor o homem. Nem afirmativo, nem utópico, duvidando frequentemente, raramente decidindo, Sócrates deixou a física para se entregar aos estudos morais.

Não havia mais ninguém em pé. Os ruídos haviam minguado na proporção em que crescia o interesse pelo que dizia o conferencista. Mas como a unanimidade não tem feição humana, havia à minha frente um indivíduo, a quem chamarei de Militante, que não cessava de murmurar ao colega ao lado sua indignação por estar ali "ouvindo baboseiras sobre demônios". Seu aspecto era grosseiro, seus gestos desrespeitosos. Não havia, a meu ver, motivo para que estivesse ali, uma vez que a filosofia é incompatível com a agitação do espírito e a busca serena da verdade exclui a impaciência raivosa de quem deseja fazer proselitismo doutrinário. De qualquer modo, o mestre nada notou e prosseguiu com uma simplicidade comovedora:

— É inquestionável que Sócrates acreditava na existência de deuses. Aliás, ele se defendeu da acusação de ateísmo, reafirmando sua posição reverente em relação a essas entidades: "Não é verdade que eu admito que os demônios são filhos dos deuses?", disse ele a Melito, e quem poderia admitir que havendo filhos deles, os deuses não existiriam?[1] Xenofonte também confirma a crença de Sócrates, dizendo que ele "oferecia sacrifícios constantemente, o que em absoluto não ocultava, fazendo-o ora em sua casa, ora nos altares dos templos da cidade; recorria igualmente, de maneira aberta, à divinação. Realmente se tornara notória a afirmação de Sócrates de que era guiado por um Deus. (*Daimonion*)".[2]

De fato, esses depoimentos provam que Sócrates não relegou o sobrenatural ao nível da mitologia, nem, muito menos, votou-o ao desprezo público. Em algum lugar de *O Banquete*, ele diz a Diotimo: "Deus não se manifesta imediatamente ao homem; é por intermédio dos demônios que os deuses se relacionam com os homens, seja na vigília, seja durante o sono. Aquele que é sábio nestas coisas é um demoníaco ou inspirado...".[3] Sabemos que, advertido por uma voz interior, Sócrates praticava uma espécie de adivinhação, que não atribuía a uma faculdade da alma, mas à inspiração dos demônios. Hermógenes diz no Crátilo: "Parece que tu te dás oráculos como os inspirados",[4]

---

[1] *Apologia de Sócrates.*
[2] *Ditos e feitos memoráveis de Sócrates*, Bauru, L. I, 2, 2006.
[3] *Banquete.*
[4] *Crátilo.*

isto é, como aqueles que falam sob influência demoníaca. "Tudo que introduzia de estranho não ia além do que faziam outros crentes da divinação, os quais confiavam em augúrios, oráculos, presságios e sacrifícios. De fato, a crença desses indivíduos não é a de que aves ou pessoas encontradas acidentalmente conheçam o que é proveitoso a quem formula as perguntas, mas a de que são os instrumentos pelos quais os deuses tornam isso conhecido. Esta era também a crença de Sócrates".[5] O que relatam Xenofonte e Platão sobre a sugestão demoníaca de Sócrates é o mesmo fenômeno que, para o bem ou para o mal, a história registra através de numerosos exemplos: Joana D'Arc, Tasso, Napoleão, Hitler, Stalin etc. Desenvolveremos esse ponto no decorrer de nossos encontros.

— Professor, não seria possível explicar racionalmente, por exemplo, os crimes de Hitler ou os feitos de Napoleão?

A pergunta provinha de uma encantadora jovem, mestre em filosofia, que se notabilizara entre os colegas pela brilhante tese que escrevera sobre Platão. Vencida a barreira que separava a ciência do mestre de sua timidez, a jovem continuou a falar.

— É que eu li em Voegelin que as maldades de Hitler se deveram antes à fraqueza do povo alemão que a uma pretensa inspiração diabólica do ditador nazista.

— Voegelin acerta quando diz que o povo alemão foi fraco, sob a pressão de circunstâncias que não excluíam sua resistência ao mal. Não explica, porém, a malignidade de Hitler. Conquanto esse tópico deva ser abordado em breve, posso adiantar que a bondade e a maldade extremas não são movimentos ordinários do espírito humano. Não constituem aquilo que, em linguagem aristotélica, chama-se de um contingente habitual. Por si mesmo, ou seja, nutrido apenas dos recursos que a experiência pôs à sua disposição, e independentemente de assistência

---

[5] Xenofonte, *op. cit.*, L. I, 3.

espiritual, o ser humano jamais alcançará o nível heroico da virtude ou o animalesco do vício.

A perplexidade era geral. Não se reafirmava apenas a existência de um princípio do mal, mas se hipostasiava esse princípio, em ordem a imprimir-lhe um poder maléfico sobre a história. Alheio ao que se passava no recinto, o Monge, entre resoluto e indiferente, retomou o curso da exposição, passando a discorrer sobre Platão.

— Não vou tratar aqui do que Platão diz no *Timeu* sobre as primeiras causas, sobre a inteligência, causa de tudo que se faz com plano e desígnio. Basta dizer que, consoante, o discípulo de Sócrates, o universo está povoado de demônios. "Se é uma alma, diz ele, que dirige o sol, ela está no interior dele, e o move como nossa alma move nosso corpo...; ou ela pode dar a si mesma um corpo estranho, seja de fogo seja de ar, do qual ela se serve para movê-lo... ou ainda, separada do corpo, ela pode dirigir os astros por outros meios prodigiosos. Mas, seja qual for o meio empregado, será sempre como uma divindade que ela agirá. Seria o cúmulo da insensatez negar isso. Quanto aos outros astros, deve-se dizer também que são deuses... — O universo está cheio deles?... — Ninguém é bastante insensato para negar isto".[6] É bem verdade que Platão rejeitava a superstição e se queixava de que os homens mais ilustres recorriam a ela.[7] Mas, longe estava de negar o sobrenatural: "Deus propôs os demônios para nos governar".[8] Sua religião recomendava expressamente a fé nas tradições e nos relatos dos antigos, que os tinham recebido dos próprios deuses. É induvidoso que Platão acreditava que os deuses concediam a certos homens o poder de cooptá-los, de predizer o futuro, de curar etc. "Um santo delírio se apodera algumas vezes de certos mortais", diz ele no *Fedro*, "quando os deuses enviam males e flagelos. E os tornam profetas

---

[6] Platão, *Das leis*, L. IV.
[7] *República*, II.
[8] *Das leis*, IV.

e lhes revelam remédios".[9] Noutro lugar, referindo-se ao adivinho Epimênides, Clínias diz: "Este homem supera os mais hábeis. Quem é, pois, Epimênides? Um profeta cretense, um adivinho curador, operando prodígios, que, estranho ao sacerdócio, inicialmente pastor, depois taumaturgo, havia predito que os persas, cuja invasão se reputava imediata, não atacariam senão dez anos depois e seriam derrotados, retornariam ainda e pereceriam... Epimênides livrou os atenienses de um espantoso flagelo, do aparecimento de fúrias que causariam a morte de uma multidão de vítimas...".[10] Platão não nega os prodígios; sem dúvida, eles são defesos aos malvados e aos inimigos dos deuses. Ainda que estranhos ao sacerdócio, os adivinhos podem realizar prodígios benfeitores, mas se os fizerem maléficos, devem ser punidos com a morte. Entretanto, após honrar os deuses do Olimpo pelos sacrifícios e preces, convém, diz Platão, homenagear os espíritos subterrâneos; o sábio deve prestar um culto conveniente aos demônios.[11] Outro tanto cabe dizer dos sucessores de Platão. Aristóteles via como um ato censurável a representação de imagens obscenas, exceto quando os deuses queriam ser representados por elas.[12] Para o estagirita, a tradição deve ser respeitada; dogma paternal, diz ele, que não vem certamente senão da palavra de Deus.[13] Antes de Platão, Pitágoras já argumentava nessa mesma linha de raciocínio: Deus se expande por toda parte, é Ele o autor das potestades e de suas obras; estas potestades são os astros, os deuses inferiores, os demônios e as almas. É por eles que Deus opera tudo. Deus dirige tudo como causa das causas; é preciso, pois, interrogar sua vontade nos presságios e oráculos, ou seja, pôr-se em contato com os seres eternos, libertar a alma através do entusiasmo (*êxtase*), obtido por certas práticas propícias à sua invocação. Convém falar também

---

[9] *Fedro.*
[10] *Das leis*, III.
[11] Ferro.
[12] *Política*, VII.
[13] *Metafísica.*

da escola de Zenão. Ela admitia a existência dos espíritos, dos prodígios, presságios, adivinhações e oráculos. Deus, espírito universal, gerou os deuses e os demônios; cada homem tem o seu, que o dirige; emanação da alma universal, ele retornará um dia à fonte que o gerou. *Mutatis mutandis*, era o mesmo que pensavam os estoicos. O sol é o primeiro dos deuses; os astros, como o sol, fazem parte do fogo divino; dotados de inteligência, por que não anunciariam eles o futuro e o destino? Donde a crença estoica na intervenção de seres inteligentes que falavam ao homem através de signos e se manifestavam por meio de aparições. Após tantas produções espirituais, o que estava reservado para a Grécia? Uma revolução se preparava há muito tempo entre os gregos: os platônicos caíram no pirronismo, os estoicos se tornaram materialistas, sem cessarem de ser crédulos e supersticiosos. O epicurismo, enfim, havia invadido a Grécia. Sensual, enfraquecida pelo luxo, não vivendo senão para gozar os prazeres de uma vida fácil, sua coragem se perdera, assim como suas convicções. Em tudo semelhante aos dias atuais no Ocidente, a Grécia caminhava para a decrepitude.

Finda a palestra, eu meditava ainda sobre o que ouvira a respeito da influência do demônio na história da humanidade. Que o homem, com sua cupidez desenfreada, provoca sua própria destruição, admite-se. Mas isso não explica os pecados em massa, os genocídios... Não posso conceber que o homem seja tão abominável a ponto de destruir uma comunidade inteira, de realizar tantas coisas abjetas. De qualquer modo, ainda não era o momento de dissipar a minha dúvida.

O SEMINARISTA EM APUROS

Na tarde da segunda palestra, problemas pessoais ausentaram nosso mestre. Mas este, prevenido como era, já havia predeterminado que, em caso de sua falta ou atraso, o substituísse um Seminarista, nosso colega, a quem atribuíra a missão de dizer algumas palavras sobre o demônio nas Sagradas Escrituras. Tratava-se de um moço reservado e extremamente afável e respeitoso, ao qual não era estranha a tarefa de ensinar, posto que, por méritos indiscutíveis, conquistara a suplência de professor titular de teologia. Com compostura e desembaraço apresentou-se à turma e disse:

— É uma missão espinhosa substituir o nosso mestre. Mais ainda quando se cuida de transmitir noções ligadas ao domínio sobrenatural, programada como está a nossa mente para processar e explicar exclusivamente fenômenos naturais. Pode-se afirmar com razoável segurança que o homem geralmente é mais inclinado a negar o milagre do que a acolhê-lo, ainda que se pretenda o contrário. Sem dúvida, os fatos sobrenaturais vão sempre perturbá-lo, quando se fazem presentes, mas a regularidade das leis físicas somada ao caráter laico da vida social levam-no prontamente a esquecê-los e a rejeitá-los. Apesar disso, é uma crença comum a todos os povos a de que Deus é onipresente e onisciente; que existem momentos e lugares em que sua presença não parece tão evidente, nem seu poder tão efetivo sobre sua criação, cuja força parece então irromper como manifestação cega e incontrolável do mal. Daí que cada decisão que afasta uma pessoa de Deus, aproxima-a, necessariamente, do mal. E essa decisão pode ser tomada por vontade própria ou por instigação do Diabo, o inimigo acérrimo de Deus, o anjo caído que se compraz em inimizar o homem com Deus. Esse conceito se repete indiferentemente nas três religiões monoteístas mais importantes: cristianismo, islamismo e judaísmo. As três procedem de uma mesma base, de uma mesma tradição, e compartilham conceitos, embora se separem em certos momentos e circunstâncias, de modo que a imagem do anjo caído, que se rebela contra Deus no início dos tempos, é comum a todas essas religiões. No Islã, por exemplo, a figura do Diabo, tal como nós a conhecemos, é a de um gênio, um *yinn*, conhecido como *Iblis*. Conta-se no Corão que Alá, ao criar todas as raças, dotou os gênios e os seres humanos de vontade própria e livre-arbítrio, ao contrário dos anjos, os quais manteve sob sua autoridade. Ao criar o primeiro ser humano, Adão, Alá ordenou a todas as demais criaturas que se ajoelhassem diante dele. Todas o fizeram, salvo uma, o *yinn* chamado *Iblis*, a demonstrar que não era inferior àquele ser. Essa desobediência determinou seu exílio no inferno, onde aguardaria o juízo final, com liberdade, porém, de tentar os homens para afastá-los do bom caminho.[14]

Chegados ao limiar da tradição judaico-cristã, podemos divisar, num primeiro olhar, que o Diabo é uma das primeiras figuras dignas de menção na *Bíblia*, além de Deus. O Deus que se revelou a Moisés, como anteriormente aos patriarcas, é o criador do mundo, por ele tudo subsiste, sua providência se estende até os confins do universo, e só ele merece nossa adoração. Segundo Moisés, a serpente dos gentios, que na origem dos tempos enganou o homem, continua a empregar sobre a sua posteridade seus meios de sedução, através de revelações mentirosas, aparições, predições e muitos outros prodígios; de sorte que o gênero humano, decaído pelo pecado e seduzido por espíritos maléficos, que se substituíram ao verdadeiro Deus, passou sacrilegamente a adorá-los. Daí resulta que *Satã*, o adversário; *Seddim*, o destrutor; *Schirim*, o bode; *Belial*, o revoltado; *Belzebú, Moloch, Baal, Lúcifer*, a antiga

---

[14] Manuel Jesús Palma Roldán, *La estirpe de Fausto*, Espanha, pp. 17-18, 2017.

serpente, que são os deuses dos idólatras, não são em realidade senão execráveis demônios. Onde os patriarcas, Moisés e os profetas dessa pequena nação desprezada hauriram sua sagrada doutrina? Eles pretendem tê-la recebido do próprio Deus desde o berço do gênero humano. Entrava nos desígnios da providência que uma nação a conservasse fielmente e fosse a guardiã dos arquivos da família predileta de Deus. Moisés recebeu as leis divinas destinadas a preservar o povo hebreu do contágio dos gentios. Satã reina sobre eles por práticas supersticiosas que são rigorosamente proibidas aos hebreus. Tudo vem demonstrar que essas práticas idólatras, para o legislador hebreu, não eram puras quimeras que é preciso destruir porque perturbam o espírito e podem arrefecer a coragem; fora-lhe revelado que elas constituem um comércio abominável com os espíritos revoltados, que deveria atrair para os transgressores da lei divina a pena de morte.

Nessa altura, já não era mais possível ignorar a agitação que tomava conta do Militante. Parecia que o sobrenatural o incomodava a tal ponto que, conter-se naquele momento, significaria certamente explodir mais adiante. O iracundo, então, levantou-se e pediu a palavra:

— A grande diferença que existe entre os modernos e os antigos é que os primeiros, ao contrário destes, rejeitam o argumento de autoridade e exigem provas do que se afirma. Que provas há de que os espíritos existem?

— Não estou habilitado a responder acerca de questões estranhas ao tema sobre o qual fui autorizado a falar — disse o Seminarista cordialmente. — Contudo entendo que a extensão do conceito de prova é muito ampla, de forma a abarcar diversos meios de convencimento, tais como os fatos históricos, o testemunho dos antigos, as doutrinas filosóficas e religiosas e também o bom senso. Aliás, esse ciclo de palestras, como expressamente afirmado pelo Monge, está apoiado precisamente nessas provas.

Desconvindo na explicação, o Militante limitou-se a sorrir ironicamente. Lançou um olhar desconfiado sobre o resto da turma, em que pude ler uma mensagem de insubmissão, e depois se sentou, balançando a cabeça. O Seminarista prosseguiu:

— A despeito das diferenças essenciais entre as crenças dos pagãos e a dos hebreus, há nelas uma concordância significativa: uma e outra reconheceram a existência das inteligências espirituais e de suas manifestações prodigiosas. Todas elas podem operar prodígios. Os anjos, ministros de Deus, fazem milagres e são mensageiros do altíssimo; os demônios fazem coisas prodigiosas, sobre-humanas em relação a nós, cuja malignidade é tolerada pela sabedoria divina, em vista de um bem maior, que o homem nem sequer suspeita. Percorrendo o Antigo Testamento, ver-se-á como os maus espíritos parodiaram, tanto quanto puderam, os prodígios divinos, a demonstrar que as maravilhas que os gentios atribuíam a seus deuses eram imitações grosseiras dos milagres de Jeová. Assim é que o Antigo Testamento, longe de negar o maravilhoso pagão, ou explicá-lo, como os céticos epicuristas; longe de proclamá-lo divino, como os pitagóricos e os platônicos, dava-lhe seu verdadeiro nome: *magia*, crime tão detestável, a cuja pena capital estavam incursos seus seguidores.

Animado pela ausência do mestre e confiando no sucesso parcial de sua primeira intervenção, o Militante dispôs-se a triunfar integralmente, dessa vez confrontando o suplente com o argumento *ad absurdum*.

— Custa crer que em pleno século XXI estejamos aqui reunidos, perdendo nosso precioso tempo, para falar de um ser fabuloso, metade homem, metade bode, com chifres e longas orelhas, que se agita na sombra para malquistar o homem com Deus. Há sensatez nisso?

— Baudelaire escreveu que o mais perfeito ardil do Diabo consiste em fazer crer que não existe. O anonimato ou o pseudônimo convêm particularmente a Satã quando se trata de homens e de continentes que acreditam ainda no progresso infinito, mercê da razão, da ciência, da técnica e da organização social humana.[15] Mas a imagem espalhafatosa e estereotipada do inimigo tem algo de sugestivo e ladino. Curiosamente, parece-nos provar algo a respeito de Satã: sobretudo que não existe, a não ser como acessório dos mistérios medievais. Suponhamos por um momento que se trate de uma camuflagem premeditada do Diabo. À primeira vista, pode parecer rudimentar, e não distante e muito hábil: *Satã se dissimula detrás de sua própria imagem*. Opta por revestir-se de uma aparência grotesca, que tem por efeito certo fazê-lo parecer inofensivo aos olhos das pessoas instruídas. Pois se o Diabo não é mais que o demônio vermelho com um grande tridente, ou o fauno com o cavanhaque de cabra e rabo longo das lendas populares, quem vai dar-se ao trabalho de crer nele ou sequer de negar sua existência? Desse modo, graças a uma astuta manobra, a imagem, automática e medieval que suscita em nós o nome do Diabo, converte-se na *Tarnkappe*, a capa que o torna invisível e que o próprio Satã agita ante nossos olhos para fazer-nos crer que há séculos que já não está entre nós. Essa farsa anacrônica e bufa não contribuiu pouco para o êxito do primeiro estratagema que denuncia Baudelaire. Muitos são os que não passam daí. Como vamos perder tempo com essas bobagens de séculos atrás? Pois bem, a meu juízo, são eles que se deixam enganar, iludidos pela imagem tradicional e evidentemente pueril, não suspeitam que o Diabo atua em outro lugar, sem barba nem rabo, talvez servindo-se das mãos deles.

O que me parece incrível não é precisamente o Diabo nem os anjos, mas o candor e a credulidade dos céticos, e o imperdoável sofisma que os confunde: "O Diabo é um ser de cornos vermelhos e rabo comprido; eu não posso crer num ser que tenha cornos vermelhos e rabo comprido; *logo*, não creio no Diabo". Satã não podia pedir mais.[16]

A resposta não poderia ter sido mais eloquente e desafiadora. Sentindo ainda o impacto do formidável golpe,

---

[15] Anton Böhm, *Satã no mundo actual*, Porto, p. 15, 1960.
[16] Denis de Rougemont, *La parte del Diablo*, pp. 15-16, Barcelona, 1983.

a exemplo do lutador cambaleante, mas não rendido, o Militante sentou-se, matutando o momento de voltar à carga. Homens assim têm o péssimo hábito de se repetir com a regularidade de uma órbita astral.

Passado o incidente, o Seminarista retomou o assunto.

— Os livros sagrados dos judeus nos ensinam que as substâncias espirituais, chamadas anjos, ministros, envia-dos, são fortes e poderosos.[17] A Escritura santa mostra-os, em várias passagens, agindo como seres corporais, exer-cendo sobre a matéria uma força incomparavelmente superior à do homem. Manifestam-se, às vezes, aos olhos das criaturas, conquanto suas aparições não produzam sempre idênticos efeitos sobre os sentidos.[18] Um vê e ouve o que outra pessoa também ouve, mas não vê, ao passo que uma terceira vê e não ouve.[19] Os próprios animais podem ter visões: o asno de Balaão vê o anjo antes que Balaão o veja.[20] Outras vezes, a aparição não é concedida senão à prece. O servidor de Eliseu se atemoriza ao ver o exército sírio; Eliseu o tranquiliza: há mais homens conosco do que com eles. Em seguida, roga a Deus para que abra os olhos de seu servidor, que então vê a montanha coberta de cavalos e charretes.[21]

Os anjos são *fortes*: quando Seleuco envia Heliodoro para pilhar o templo de Jerusalém, aqueles que o acompa-nham são dispersados por um portento divino; um cavalo montado por um homem terrível investe sobre Heliodoro e o golpeia incessantemente, enquanto dois jovens reple-tos de força e irradiando uma beleza ímpar o fustigam e expulsam os invasores do templo.[22] Eles são surpreenden-temente *ágeis*: um anjo transporta o profeta Habacuc da

---

[17] *Salmo* 102, 20.

[18] *Gênesis*, 19, 10; Daniel.

[19] *Daniel*, 10, 7.

[20] *Números*, 22, 31.

[21] 4 *Reis*, 6, 17.

[22] 2 *Macabeus*, 3, 24-28.

Judeia à Caldeia, para levar o almoço para Daniel, e o traz de volta, sem que sua ausência seja sequer notada.[23]

O arcanjo Rafael, sob a forma de um homem jovem, conduz Tobias à casa de Raguel, diz-lhe que este tem uma filha, com a qual lhe sugere casar, apesar dela ter enviuvado sete vezes por obra do demônio, que matou os sete maridos porque eram pecadores e não temiam o Altíssimo. Mas Deus haveria de poupá-lo. Por fim, Rafael indica um remédio estranho para curar a cegueira do pai de Tobias: para expulsar demônios, o meio que ele emprega não é menos extravagante. Não é aqui a substância que opera, é o poder do mensageiro divino que realiza portentos em nome de Deus. Rafael não atribui a si o mérito de realizá-los, senão que recomenda ao pupilo a gratidão ao Senhor: "Bendizei a Deus e celebrai-o diante de todos os viventes, por todos os benefícios que ele vos fez, para que bendigais e canteis ao seu Nome. Publicai as obras de Deus com a honra que merecem, e não demoreis em celebrá-lo".[24]

Se há algumas semelhanças entre as obras dos anjos e as dos demônios, que diferença há entre ambas que as distingue radicalmente a ponto de torná-las reciprocamente irredutíveis? As primeiras são feitas em nome de Deus; as últimas, por própria conta. Estas são autorreferentes, na medida em que atribuem tudo a si mesmas, substituem-se à graça divina, e por isso reclamam a adoração que lhes é devida; aquelas, celebram a honra e a misericórdia de Deus, ainda que realizadas por suas criaturas. Nos próprios livros sagrados vê-se que o poder dos espíritos malignos não é menor, se Deus o permite, que o dos anjos. Mas tendo, frequentemente, por fim enganar o homem e invariavelmente causar-lhe o mal, Deus muitas vezes o impede ou o restringe. O escritor sagrado diz no Livro de Jó que não há na terra poder que se compare ao do demônio. Satã pede a Deus autorização para despejar toda a sua ira sobre Jó. "Vai, diz o Senhor, tudo o que ele

---

[23] *Daniel*, 14, 33-39.
[24] *Tobias*, 12, 6-7.

possui está a teu dispor. Contra ele mesmo, porém, não estendas a mão".[25] Por idêntico meio, Satã também pode causar a morte: os sete primeiros maridos de Sara foram mortos pelo demônio, em razão de sua maldade.[26] Lê-se no Êxodo que o faraó do Egito permanece irredutível diante dos prodígios de Moisés; a magia dos sábios do país, que imita o milagre divino, cega-o à evidência, até que eles fracassam no último prodígio e são constrangidos a confessar. "Aqui está o dedo de Deus".[27]

Os espíritos das trevas não perderam poder com a queda nem o exercitam menos depois dela, a menos que Deus disponha o contrário: "Diante de seu poder, diz o Livro da Sabedoria, todas as ilusões da arte dos magos se tornam inúteis".[28] A obsessão do homem é o mais trivial dos poderes demoníacos. Quando o espírito do Senhor se retira de Saul, o anjo maléfico se apodera dele e o agita.[29] Os demônios podem provocar relâmpagos e ribombar trovões, destruir edifícios e vitimizar homens e animais... Eles fazem cair o fogo do céu, queimam os rebanhos de Jó, excitam a tempestade que destrói suas casas e matam seus filhos e criados.[30]

As Escrituras santas não dizem que os presságios sejam sempre frívolos; ao contrário, diferentes passagens do Êxodo e dos outros livros sagrados nos ensinam que os sinais aparecem a fim de que a onipotência, a verdade, a justiça e a bondade de Deus sejam manifestadas. Um dedo misterioso traça com caracteres de fogo a predição da morte de Baltazar e anuncia a destruição de seu império.[31] O aspecto de Nabucodonosor, condenado por Deus a se alimentar com capim durante sete anos, era de tal forma semelhante a um boi que os autores antigos,

---

[25] Jó, 1, 12.
[26] Jó, 6, 14-17.
[27] Êxodo, VII, VIII, IX.
[28] Livro da sabedoria, XVII.
[29] 1 Samuel, 18, 12.
[30] Jó, 1, 16-19.
[31] Daniel, 5, 1-30.

inclusive Tertuliano, são levados a crer que se operara nele uma metamorfose.[32] Os pagãos davam fé de aparições de faunos e sátiros nas florestas. As Escrituras dizem que os espíritos das trevas são condenados a errar nos locais ermos; o demônio, que havia matado os sete maridos de Sara, foi relegado no deserto.[33] E Isaías prediz que os faunos se abrigarão um dia nas ruínas do palácio da Babilônia.[34] A evocação dos *manes* era uma prática corriqueira entre os gentios; as Escrituras sagradas jamais afirmam que a necromancia constituísse um ritual ilusório; ao contrário, ela vem do demônio. Saul, tendo consultado a pitonisa, um espectro, semelhante a Samuel, aparece e prediz a derrota de seu exército e sua morte. Se esse exemplo não prova a realidade das evocações, ao menos mostra que, algumas vezes, Deus revela o futuro ao demônio para punir os ímpios.[35]

Se esse paralelo continuasse, ver-se-ia que o Antigo Testamento admite os fatos prodigiosos, mas os dos pagãos emanam de seus deuses, que são os demônios, enquanto que os dos hebreus, que procedem do verdadeiro Deus, distinguem-se por sua superioridade como pela doutrina que cimentam nas almas; pois o Deus de Israel não é vicioso nem mentiroso.

Aqui, o Seminarista encerrou sua participação.

---

[32] *Daniel*, 4, 16-30.
[33] *Tobias*, 6, 17-18.
[34] *Isaías*, 13, 21.
[35] 1 *Samuel*, 7-19.

A HISTÓRIA DO DIABO

No dia seguinte a frequência foi absoluta. Alguns, como eu, chegaram com bastante antecedência, o que permitiu o surgimento de uma camaradagem entre temperamentos tão distintos, cujo ponto de convergência constituiu a curiosidade em torno do tema das palestras. Um grupo havia se formado para ouvir um homem já idoso que parecia falar da influência do mal sobre a cultura. Nesse momento, aproveitei para fixar-me no tipo que expunha a sua opinião com a autoridade de quem conhecia o mar em que navegava. Era um homem simples, pequeno, com enormes sobrancelhas, uma diminuta boca, que vez ou outra se dilatava para sorrir ou para censurar. Era um funcionário público aposentado.

— Não há obra com a qual não colabore o demônio, disse André Gide. Jakob Boehme conta que perguntaram a Satã: por que foste expulso do paraíso? Porque queria ser autor, respondeu ele. Resposta genial se levamos em conta os diversos sentidos da palavra *Autor*. O Autor de todas as coisas é sua própria autoridade. Autoriza-se até o infinito, no desdobramento de sua Criação. O Diabo também quis fazer sua própria obra. Mas só pôde fazê-la valendo-se de nossas mãos. Por esse motivo, o artista e o escritor estão terrivelmente expostos: mal pegam no pincel ou na pena, o Diabo já está junto deles para guiar sua mão.[36] Eis um exemplo do que acabo de dizer: estando em Paris para uma apresentação, Paganini, o grande violinista, tocava um de seus famosos *Caprichos* quando, pela força com que interpretava, uma das cordas de seu instrumento se partiu. A plateia ficou horrorizada com o fato, mas Paganini continuou tocando. Não diminuiu a intensidade da execu-

---

[36] Denis de Rougemont, *op. cit.*, p. 93.

ção, o que provocou o rompimento da segunda corda do violino. A orquestra parou imediatamente, mas Paganini seguiu tocando com as duas cordas que lhe restavam, sem omitir uma nota sequer, com um virtuosismo inusitado. O clímax do evento ocorreu quando pouco depois, uma terceira corda se rompeu (alguns dizem que o músico o fez de propósito), finalizando Paganini a execução da obra com uma só corda, com tal maestria que o anfiteatro inteiro ficou perplexo, quase sem se atrever a aplaudir.[37] Sem uma assistência sobrenatural, o músico italiano não teria conseguido realizar essa façanha.

Afinal, o Monge chegou e deu início aos trabalhos daquela tarde, que consistiam, disse ele, num "pequeno périplo em torno das crenças dos antigos".

— No dédalo inextricável das religiões politeístas, considerando o tema sob o ponto de vista da origem de suas manifestações, é forçoso atribuí-las a alterações de uma revelação única, verdadeira e fundamental, da qual se encontram vestígios em todos os povos; as revelações ou comunicações sucessivas emanadas de outra fonte, Satã, que sempre imitou e imita ainda o verdadeiro Deus, disfarçado de falsas divindades. Prodígios naturalmente inexplicáveis cimentaram a usurpação através de vários cultos, todos efeitos do mesmo erro. Fossem menos insensatos, os homens poderiam ter reconhecido esses erros funestos, pois os deuses intrusos se manifestavam sob a forma da serpente que seduziu nossos primeiros pais, muitas vezes revestindo formas medonhas. O culto que eles exigiam eram cheios de espantosas dissoluções; seus sacerdotes, convulsivamente agitados, davam oráculos frequentemente certos para vir dos homens, e frequentemente falsos para provir de Deus. Seus prodígios, que apresentavam uma singular mistura de trivialidade e de grandeza, de bondade, de justiça e de malignidade, eram operados até mesmo por gente malvada e corrompida; suas revelações eram cheias de contradições, suas ordens

---

[37] Manuel Jesús Palma Boldán, *op. cit.*, pp. 139-140.

frequentemente cruéis. Os deuses dos pagãos tinham seus inspirados e seus sacerdotes; ninguém sequer duvidava de seus ensinamentos, que se respeitavam como emanados dos próprios deuses, tal era a força daquelas crenças, até então consideradas inabaláveis. Quais eram as que flutuavam no mar calmo e infinito das opiniões e dos sistemas? Eram a realidade da existência dos espíritos, de suas aparições, das curas, dos malefícios, das obsessões, adivinhações etc. Todos os filósofos admitiam-nas, não por temor, mas porque elas eram muito frequentes aos seus olhos; seu testemunho era tão eloquente que negá-las seria ao mesmo tempo uma impudência e uma temeridade. Os filósofos que ousaram atacar a existência dos deuses, não negavam, porém, os prodígios, que eles atribuíam aos corpúsculos, aos átomos etc. "Nas épocas em que predominou o epicurismo, a filosofia materialista e cética produziu numerosos recrutas; é o que ocorreu entre os gregos e romanos, e o que se observa constantemente em todos os povos vizinhos da decadência. Uns explicaram fisicamente a maior parte dos prodígios, outros preferiram o caminho mais curto de negá-los. Normalmente, essas aberrações do espírito humano têm curta duração. De fato, como se podem negar portentos que todos os séculos viram e afirmaram?! Como, sobretudo, atribuir à matéria bruta atos que não podem emanar senão de seres inteligentes,[38] que concebem planos e os executam?!

Há, portanto, duas fontes de revelações: uma boa, que é a própria verdade; a outra má, origem do erro. Umas emanam do Criador e elevam o homem; outras, do espírito maligno, e o envilecem. Moisés nos ensina que Deus, desde o princípio, revelou-se aos nossos primeiros pais e lhes impôs uma proibição. Satã então interveio e lhes disse que a infringindo eles seriam como deuses. Essa dupla manifestação continuou durante o curso dos séculos; se da parte de Deus ela é acompanhada de milagres deslumbrantes,

---

[38] Joseph Bizouard, *Des rapports de l'homme avec le démon*, Paris, Tomo 1, pp. XXVII-XXVIII, 1863.

Mário Pimentel Albuquerque

da parte de Satã nada mais é que uma enxurrada de pro-dígios trapaceiros. A verdadeira revelação manifestara ao homem a existência de um Deus eterno, único, poderoso, bom, justo e criador do universo; mas ela foi alterada, os homens disseminados sobre a terra a esqueceram e deram azo à irrupção de espíritos inimigos que ludibriaram os primeiros religiosos dos chefes de família com frequentes manifestações e numerosos prodígios, todos eles propor-cionados à rusticidade daquela humanidade supersticiosa. Esses prodígios, *grosso modo*, podem ser reduzidos a três categorias, segundo uma escala crescente de abstração: aparições, adivinhações e oráculos. Começo pela primeira.

Os pagãos não confundiam o sonho natural com os sonhos divinos e distinguiam normalmente muito bem essas duas classes de sonhos. Quanto aos últimos, citarei alguns transmitidos pelos historiadores.

Valério Máximo conta que Artório, médico de Augusto, na noite que precedeu a batalha da *Filipos*, viu em sonho a deusa Minerva que lhe fez dizer ao imperador que par-ticipasse do combate. A ordem não agradou ao médico, visto que Augusto estava gravemente doente. Contudo, ele cumpriu a vontade da deusa e o próprio Augusto se fez presente à batalha. Ele tinha, diz o historiador, sérios motivos para crer nos sonhos. Enquanto ele conquistava a vitória, Brutus o teria ferido mortalmente se Minerva não o tivesse advertido do perigo.[39]

O sonho de Calpurnia não foi menos claro que o pre-cedente: na noite que precedeu a morte de Júlio César, ela o viu em sonho coberto de feridas, expirando em seus braços. Assustada, Calpurnia implorou ao marido que não fosse ao senado naquele dia. César ignorou seus temores e tombou sob os punhais dos parricidas.[40] Os deuses inter-vinham frequentemente para recompensar ou punir. A vestal Tuccia, acusada falsamente de violação de seu voto de castidade, justifica-se bebendo água numa peneira

---

[39] Valério Máximo, *Faits et paroles memorables*, Paris, VII, 1, p. 46, s/d.

[40] Plutarco, *Les vies des hommes illustres*; Júlio César, LXIII, Paris, 1838.

sem deixar cair uma gota sequer.[41] O barco que transportava Cibele atola no Tibre; os esforços dos remadores são inúteis, nada fá-lo avançar. A vestal Cláudia, acusada do mesmo crime que Tuccia, puxa-o com seu cinto.[42] Certas estátuas faziam frequentemente prodígios. A de Ceres, em Enna, tinha socorrido várias pessoas, que atestavam o prodígio.[43] Se os deuses socorriam aquele que os invocava, eles puniam também os ímpios e os malvados. Eles não toleravam que se violasse o respeito devido aos seus templos, e castigavam os profanadores. Uns perderam a razão; outros se abateram em razão de doenças incuráveis; outros morreram de pavor ao ouvir vozes terríveis provindas do santuário.[44] O censor Appio aconselha a família dos Potitii, encarregada do serviço do deus Hércules, de abandoná-lo aos cuidados dos escravos. Toda a família Potitii morre em um ano; eles eram mais de trinta, de sorte que a família se extinguiu.[45] Macróbio diz que em Heliópolis a estátua do deus Sol era conduzida sobre um andor por homens de alta distinção, que mereceram essa honraria em razão de uma longa continência. Curvados sob o peso da estátua e agitados pelo espírito divino, eles eram forçados a seguir a direção que este os indicava.[46] Apolo, apaixonado por Cassandra, concede a sua amada o dom da profecia. E logo sob o influxo divino, ela exclama: "Ó minhas irmãs! Ó Príamo malsinado Rei! Que eu tenha piedade de vós!..." etc. A chama de Pérgamo brilha... Cassandra vê a carnificina, o incêndio... Não é mais Cassandra que fala, é um deus, diz Cícero.[47]

Jämblico dá algumas regras para discernir os bons dos maus demônios. Os deuses aparecem quando se os evocam, uns sob uma forma, outros sob outra. A forma dos

---

[41] Plínio, *Histoire naturelle*, Paris, XXVIII, 3, s/d.

[42] Ovídio, Fastos, ___, Madri, IV, 300-329, pp. 143-144, 1988.

[43] Cícero, Contra verbes, *Discurso 4*.

[44] *Orígenes*, Contra Celso, Madri, VIII, 45, pp. 557-558, 1967.

[45] Tito Lívio, *História de Roma*, IX, 29.

[46] Macróbio, *Saturnálias*, I, 23.

[47] Cícero, *De divination*, I, 31.

deuses é nobre, majestosa e causa alegria; o mesmo pode dizer-se dos bons demônios, ainda que seu aspecto seja menos nobre. Mas a aparição dos maus é horrenda; espectros bizarros, eles mudam frequentemente de tamanho e de forma: enquanto que os primeiros dão ao corpo a saúde, ao espírito a energia e a serenidade, os maus não causam senão o terror e o mal.[48] Sozomene diz que o imperador Juliano renunciou ao cristianismo com uma impudência tão descarada, que recorria a sacrifícios e expiações para apagar seu batismo e que, em público ou particularmente, ele se dedicava aos augúrios e a todas as superstições pagãs.[49] Amiano Marcelino, secretário e amigo de Juliano, confessa as práticas mágicas de seu chefe. Tentando desculpá-lo pelo que estas tinham de aberrantes, não chegou a negar, contudo, a acusação de magia. "A maledicência", disse ele, "pretendeu que o imperador chegou, por meios detestáveis, a conhecer o futuro". Examinando como se adquire essa ciência, Amiano declara que com vários ritos os demônios se tornam favoráveis, que eles sugerem oráculos etc... Após ter falado do augúrio, ele diz ainda que as entranhas das vítimas tomam, como se sabe, diferentes formas e revelam o futuro.[50]

Outro tanto cabe dizer dos oráculos. Seria difícil determinar a origem precisa dos oráculos. Supõe-se que eles começaram com a idolatria. Em Homero, vê-se que se os consultavam desde o tempo da guerra de Troia. Ochozias, na Bíblia, mandou consultar o deus de Accaron. Moisés, enfim, proibiu-os aos hebreus.[51] Tudo isso prova que sua origem se perde na noite dos tempos. Mas o que surpreende é que, nascidos nas eras de barbárie, os oráculos atravessam as épocas filosóficas e opõem ao ceticismo ou à incredulidade fatos que se reputam irrecusáveis. Em todas as partes vemos os oráculos consultados e venerados como emanações da vontade divina. Em todos os povos antigos,

---

[48] Jâmblico, *Les mystères des egyptiens*, Paria, p. 74, 1948.

[49] Sozomene, *História eclesiástica*, II, 5.

[50] Amiano Marcelino, *Les dix-huit livres de son histoire*, XXV, 1, Lyon, 1778.

[51] *Deuteronômio*, XVIII, 11.

no Egito, na Grécia, na Itália, em toda parte, os soberanos, as repúblicas recorriam ao oráculo pelo interesse público, e os particulares pelos interesses privados. Não se trata aqui de explicar esse fenômeno tão polêmico e surpreendente, mas de constatar um fato não menos estranho que os relatados anteriormente. Os oráculos frequentemente anunciavam com grande antecipação acontecimentos que se realizavam com todas as circunstâncias previstas, de forma que não seria razoável atribuí-los a manobras fraudulentas nem a simples conjecturas.[52] Entre todos os oráculos da antiguidade, o que mais se destacava por seu prestígio e confiabilidade de suas decisões era o de Delfos. A cidade de Delfos era o centro não somente da Grécia, mas, consoante os gregos, de toda a terra. "Em questões religiosas e de direito internacional, o oráculo de Delfos era a autoridade suprema para toda a Grécia. A fundação de colônias, a guerra e a paz, os negócios de Estado de toda espécie ali foram decididos; pois, segundo os poetas, Júpiter tinha enviado Apolo a Delfos para ensinar os gregos o direito e as leis. Os gregos não possuíam livros de direito sagrado; seus sacerdotes não eram revestidos de nenhuma autoridade para ensinar; o oráculo de Delfos devia, portanto, servir-lhes de autoridade superior religiosa, cujas decisões e as ordens, inspiradas diretamente pela própria divindade, passassem por infalíveis. Eis porque Platão, no tratado *Das Leis*, pediu que todas as leis concernentes ao culto fossem buscadas em Delfos e que os intérpretes encarregados de explicá-las fossem escolhidos com a cooperação da Pítia".[53]

Os oráculos, ademais, aconselhavam sobre assuntos privados; "sobre questões familiares, heranças, casamentos e muitas outras que, na opinião de Sócrates, escapavam à previsão humana, como o desfecho de uma obra, de um desbravamento de terra, a oportunidade de um casamento; mas era absurdo e até mesmo criminoso importunar a divindade com questões que podiam ser decididas pes-

---

[52] Joseph Bizouard, *op. cit.*, p. 100.

[53] J.J. Dollinger, *Paganisme et judaisme*, Bruxelas, Tomo 1, pp. 289-290, 1858.

soalmente".[54] A Pítia, que, nos primeiros tempos, era uma jovem e que, mais tarde, devia ter mais de cinquenta anos, era muito frequentemente de origem humilde e sem instrução, mas de costumes irreprocháveis. "Ela se preparava para o exercício da função mascando folhas de louro e bebendo água da fonte *Castalis*, ao mesmo tempo em que subia num tripé no alto do precipício, de sorte que o vapor que subia penetrava fundo em seu corpo",[55] levando-a, por assim dizer, ao êxtase, que a agitava violentamente e a fazia pronunciar palavras incoerentes com a boca espumante. "O efeito produzido sobre a mulher era de um poder tal que um dia a Pítia foi tomada por uma espécie de fúria, diz Plutarco, que ela caiu por terra, dando grandes gritos, vindo a morrer poucos dias depois".[56] No oráculo de Apolo Clário não é uma mulher, como em Delfos, quem atende os consulentes, mas um sacerdote escolhido em determinadas famílias, principalmente de Mileto; "Ele ouve apenas o número e os nomes das pessoas, diz Tácito, depois se afasta para uma gruta, bebe da água de uma fonte sagrada, e posto seja quase sempre iletrado e sem noção da poesia, dá em versos as respostas às perguntas mentalmente formuladas. Conta-se que a Germânico prognosticou, em termos ambíguos, como é costume, prematura morte".[57]

Em outros templos, os de Esculápio, Mopso, Anfiaraus, Serapis etc., os oráculos eram dados através de sonhos. Caio, cego, foi advertido pelo oráculo, em sonho, para se aproximar do altar, de se prosternar, de por uma mão sobre o altar e de levá-la em seguida aos olhos. Feito isso, a visão foi recuperada na presença de várias testemunhas. "Um lídio foi a Anfiaraus, diz Plutarco, para saber qual seria o desfecho do combate de Mardônio; adormeceu e viu em sonho o sacerdote do deus que, expulsando-o do templo, golpeou-o com uma pedrada na cabeça. O oráculo se verificou: Mardônio foi derrotado por Pausânias e assas-

---

[54] Xenofonte, *op. cit.*, 1, 16-9.

[55] Orígenes, *op. cit.*, VII, 3, pp. 462-463.

[56] Plutarco, *Sur les oracles de la pythie*, Paris, p. 47, 2007.

[57] Tácito, *Anais*, II, 54.

sinado com uma pedrada".[58] O imperador Trajano enviou uma carta selada e inviolável, endereçada ao oráculo de Heliópolis, solicitando verbalmente uma resposta. O oráculo enviou apenas um bilhete em branco. Os sacerdotes ficaram assustados com o insólito fato, desafiador do poder imperial; mas Trajano ficou maravilhado, pois a sua carta nada continha. Sozomene conta que Licínio, colega de Constantino, tendo consultado o oráculo para saber se era prudente empreender a guerra contra este, oráculo respondeu com dois versos de Homero, cujo texto é: "Ancião desventurado, irás combater gente jovem? As forças te faltam, e te acabrunha a velhice".[59]

Tácito relata que Vespasiano, estando em Alexandria e desejando consultar Serapis para saber se seria imperador, e tendo ordenado que o deixassem só no templo, de repente viu que atrás dele estava Basilides, um egípcio eminente na época, mas quem, sabia-o Vespasiano, estava doente no leito a grande distância de Alexandria. O futuro imperador então caiu em si: Basilides vem do grego *Basileus*, que significa *Rei*; a aparição, portanto, foi uma resposta positiva à sua pergunta. Essa passagem de Tácito dando conta de que os romanos, mesmo na época dos flávios, ainda professavam fé nos oráculos, mostra que eles respondiam de diferentes maneiras às consultas. Longe de descrer nos oráculos, a incredulidade pagã, ao contrário, desvanecia-se diante de provas irrefutáveis. Depois de Cícero, veem-se ainda os imperadores obedientes às determinações dos oráculos. Tibério, Nero, Calígula, Vespasiano, Tito, Adriano, Severo, Caracala etc., todos se mostravam mais crentes do que nunca. Plutarco, Tácito e outros historiadores confessam que eles enganavam algumas vezes, mas eram frequentemente verídicos, ou ao menos prodigiosos. Sábios e ignorantes tributavam-lhes uma grande confiança, malgrado o ceticismo e a desordem desses tempos.

---

[58] Plutarco, *Ibidem*, p. 38.

[59] Sozomene, *op. cit.*, II, 9.

Mário Pimentel Albuquerque

Os doutores da Igreja jamais negaram o caráter sobrenatural desses fenômenos. Lactâncio diz: "Eu demonstrarei que os prodígios e os sonhos... não eram senão ilusões das quais o *Demônio* se servia para enganar os homens...".[60] Tertuliano, por sua vez, ensina-nos que "os filósofos sabem que há demônios, os poetas também, assim como o próprio povo, o mais ignorante...; os magos nos ensinam igualmente".[61] Eusébio não discrepa: "É preciso reconhecer que antes de Jesus Cristo as nações se deixaram seduzir por espíritos perversos, demônios malvados... As Santas Escrituras não os acham bons... pois se servem de prodígios para seduzir...".[62] Quanto à distinção feita entre demônios bons e maus, Santo Agostinho adverte que uns e outros são passionais, perseguem ou protegem os homens, na medida em que os odeiam ou os amam".[63]

Para que multiplicar essas citações? Todos os padres da Igreja professavam a mesma doutrina: os deuses das nações são demônios, *dii gentium doemonia*; não seres quiméricos, mas inteligências maléficas.

Neste momento, o Militante ergueu o braço e disse: ouvi com muita atenção sua erudita exposição. Penso, porém, que ela não leva necessariamente à conclusão da realidade dos demônios, mas à simples constatação de uma mitologia proporcionada aos conhecimentos dos antigos. O que o senhor acha?

Dado o adiantado da hora, adiou o Monge a resposta para a aula seguinte.

---

[60] Lactâncio, *Instituciones divinas*, Madri, II, s/d.
[61] Tertuliano, *Apologética*, XXII.
[62] Eusébio, *Prepositions evangeliques*, IV.
[63] Santo Agostinho, *La cité de Dieu*, Paris, Tomo 2, VIII, 14, pp. 97-99, 1855.

O MILITANTE SE MANIFESTA

Aquela tarde prometia chuva. Apressei-me a vir ao ponto de encontro dos que se antecipavam à chegada do mestre, para fugir à torrente. Era de crer que alguns fizessem o mesmo, até porque havia uma grande expectativa em torno da resposta do Monge, que pressagiava alguma resistência e muitas adesões de parte da turma, que começava a nutrir certa antipatia pelas inconveniências do Militante. De fato, seus modos rudes, seu temperamento explosivo e seu manifesto ressentimento compunham uma arquitetura humana desgraciosa, sempre pronta a suscitar ódios e dissensões. Sem sequer cumprimentar os colegas, chegava fazendo proselitismo partidário, invariavelmente esgrimindo sua ideologia como panaceia para todos os males, não só políticos, a demonstrar uma absoluta falta de sensibilidade para tudo o que é intelectual, moral e religioso. Julgava-se superior a tudo e a todos, porque "era possuidor, dizia ele, de uma filosofia científica que dava conta de toda a realidade sem deixar resto". Sua missão era perseguir os reacionários fascistas onde quer que se mostrassem ou se escondessem, principalmente os que utilizassem o "ópio" para seduzir o povo. Daí a razão de sua presença nas palestras. Coincidentemente, chegaram ao mesmo tempo os dois protagonistas dos embates de hoje. Um sentou-se sorridente; o outro deu início à aula, com uma pergunta dirigida àquele:

— O senhor pode reformular sua pergunta, de modo que eu possa entender exatamente o seu alcance e a sua intenção?

A indagação do mestre não perturbou o Militante, que, senhor de si, respondeu:

Mário Pimentel Albuquerque

— Para mim, o diabo não é mais que um mito. A melhor prova disso é que se pode traçar sua história desde seu antigo nascimento até a sua morte na mentalidade de nossos contemporâneos. Os homens criaram esse fantasma; é uma invenção judia, isto é: o diabo é judeu, assim como o automóvel é norte-americano e o tanque *Panzer* é alemão. "Foram os rabinos que souberam tirar partido da lenda de *Ormuz* e de *Ahriman* e dos anjos e demônios alados cujo modelo encontraram na Assíria. Foram eles que compuseram o livro de Enoch, onde vemos uns anjos maus descer à Terra para aqui unir-se às filhas dos homens e engendrar gigantes malignos. Foram também os rabinos que popularizaram as tradições relativas aos espíritos perversos, *Samael, Lúcifer, Pitón, Asmodeo, Belial* e *Satã*. Pouco a pouco esses demônios se fundiram em uma só entidade coletiva: *Satã*, ou em grego *Diabolos*, o acusador, o inimigo do gênero humano, que se identifica também com a *Serpente* do Gênesis. A partir de então Satã conhece um grande auge como personalidade bem definida, e cada vez mais temível. Os monges contribuem tanto para sua glória como os rabinos haviam contribuído para seu nascimento. Atribuem-se-lhe coortes inumeráveis de demônios e diabretes; uma igreja e missas negras; opõem-se-lhe tribunais e uma *Câmara Ardente*, para a qual se enviam milhares de vítimas convencidas de bruxaria nos termos que lhes sugere a obsessão dos inquisidores ou dos magistrados puritanos. E como terminou essa neurose coletiva? Não com a cura das vítimas, mas com a supressão dos que pretendiam curá-las por meio do fogo. No século das Luzes, a Inquisição se arrefece e o puritanismo se humaniza: imediatamente desaparecem os feiticeiros e com eles o diabo sai de cena como o bispo ao finalizar uma procissão".[64] Não estou certo, portanto, ao afirmar que o diabo é uma mentira, ou o que vem a dar no mesmo, um mito?

---

[64] Denis de Rougemont, *op. cit.*, pp. 16-17.

AS PALESTRAS DO MONGE

Grande parte da turma pasmava de admiração. Parecia que a intervenção daquele homem exótico havia embriagado a imaginação dela com pura demagogia. Lá no meu banco pensava eu quanto é crédulo e inconstante um povo ao qual não assiste o préstimo da verdadeira educação. Todas as razões e todos os argumentos do mundo nada podem contra a mensagem melíflua e demagógica que excita o imaginário coletivo. Felizmente, o Monge interrompeu o circuito que ameaçava contagiar o ambiente com o veneno da impostura e empreendeu sua exposição com palavras de sabedoria. Disse:

— O ponto de vista que acaba de ser externado é exato na medida em que não explica nada e se limita a enumerar fatos que procedem de documentos escritos. Mas é falso e carente de interesse se aspira a demonstrar algo quanto à realidade do diabo. Porque tudo isso equivale a dizer que o diabo é um ser mítico, uma realidade espiritual. E quando pretende dizer-me: "O diabo não é mais que um mito e, portanto, não existe", eu respondo: "O diabo é um mito e, portanto, existe e não deixa de atuar". Este é o núcleo da controvérsia. "Um mito é uma história que descreve e ilustra, numa forma dramatizada, certas estruturas profundas da realidade. Falo de estruturas literalmente fundamentais, posto que são anteriores à nossa distinção entre a matéria e o espírito. Informam nosso universo em todos os planos de sua realidade. E só quando captamos por intuição o princípio e a lei de uma estrutura, podemos, na natureza ou na vida da alma, reconhecer formas, compreender sua linguagem e, às vezes, até mesmo prever seu desenvolvimento. Os mitos são as fórmulas simbólicas que os recordam ou nos revelam o sentido dessas estruturas matrizes: *Ideias*, de Platão; *Categorias*, de Kant; *Mães*, de Goethe e *Arquétipos*, de Jung. Fora do mito, quero dizer, sem a ajuda dos meios de intuição estrutural que nos oferece o elemento mítico, só há fatos chamados objetivos, mas já não encontraremos significados válidos para todos os planos simultâneos de nossa existência. A razão se equivoca imaginando que percebe objetos isolados e que logo consegue relacioná-los enunciando leis que supõe gerais. Tais leis são, na realidade, locais em relação ao conjunto de nossa realidade, por exemplo: as leis matemáticas enunciadas pela razão perdem no ato sua validade se se passa ao plano afetivo, ao plano moral ou ao plano espiritual. Pois bem, em vez de escandalizar-se com carências tão flagrantes, nossa razão moderna se desculpa dizendo 'que se trata de domínios diferentes'. Mas quando a razão exagera, quando pretende negar a existência ou a urgência da medida comum que não pode conceber, a razão nos conduz à loucura pela porta da incoerência. O caos em que nos encontramos é a melhor prova disso. E a grande explosão do irracionalismo na primeira metade do século XX é um testemunho do estado pré-demencial ao qual o racionalismo conduziu o mundo, destruindo as religiões e os mitos que possuíam *sentido geral*.

Já é hora de reconciliar a razão com as forças que escapam a ela na síntese de uma nova sabedoria.[65] 'Hölderlin insiste repetidas vezes na necessidade de uma mitologia comum para forjar a unidade de uma sociedade fragmentada. Como muitos outros, ele encontra essa desejável condição na Grécia Antiga, marcada como era por uma fusão da alta cultura com a natureza intocada, da espontaneidade com a autoconsciência civilizada. O mito deve unir o populacho e os intelectuais num único projeto. Nesse sentido, o casamento da filosofia com a mitologia é uma forma de colaboração de classe. Combinar as duas é conferir às ideias a força tangível da imagem e da fábula, assim trazendo a razão ao alcance das pessoas comuns'. 'Toda riqueza do conhecimento e da felicidade humanos consiste em imagens', observa Georg Hamman: O discursivo deve ser transformado no intuitivo. As ideias não sensíveis são ofensivas sob vários aspectos, inclusive por serem consideradas incompatíveis com as massas. Assim, o bem e a verdade devem encontrar tradução no belo para

---

[65] Denis de Rougemont, *Ibidem*, pp. 17-19.

que a filosofia e as massas possam convergir. O aforismo de Keats, '*Beleza é verdade, verdade é beleza*', celebra esse casamento do racional com o sensorial. Razão e mito são, na verdade, etapas da mesma narrativa, variações em torno da mesma tentativa de subjugar a Natureza com alguma aparência de ordem. Para Schelling e seus colegas, a questão não é desmascarar o mito como uma ilusão, como tentavam fazer certos apologistas do esclarecimento, mas utilizá-lo para fins racionais. Uma nova mitologia, amplamente disseminada nas massas, de modo algum haveria de se revelar inimiga da razão. Pelo contrário, viria dotá-la de um corpo material muito necessário. Os elos rompidos entre os cidadãos, assim como a ameaçada aliança entre a natureza e a humanidade, poderiam ser restabelecidos pela partilha de imagem e crença".[66] Só o mito, personificando ou antropoformizando o Mal, pode dar-lhe um significado geral. Aqui tudo é "antropomorfo" e tudo deve sê-lo, em resumidas contas, por esta razão fundamental: aqui nos encontramos no mundo do espírito, do sentido e das essências criadoras, no mundo do qual procede toda forma; incluindo a forma do homem, porque no mundo do espírito tudo é forma, intenção, movimento e finalidade. Tudo tem rosto e tem nome, tudo está *personificado*. O real não está feito de ideias e de matéria. Eu o concebo governado por estruturas de forças ou de conjuntos dinâmicos, anteriores a toda forma material, a toda ideia que pudéssemos elucidar. O dinamismo particularíssimo que eu gostaria de descrever aqui leva o nome tradicional de *Diabo*. Esse diabo não sai de uma série de textos mais ou menos autênticos ou antigos, porque é um agente permanente da realidade humana, tal qual como a vivemos quando vivemos verdadeiramente, em nosso estado de criaturas livres, ou seja, constantemente situados diante de escolhas, na contradição e na perplexidade, no paradoxal e na tragédia. Tudo isso supõe e postula a existência de um bem e de outra *coisa* que não é o bem. Do contrário, onde

---

[66] Terry Eagleton, *A morte de Deus na cultura*, Rio de Janeiro, pp. 58-61, 2016.

Mário Pimentel Albuquerque

está a escolha, a tragédia, a liberdade? Quando este *não bem*, quando este mal adquire um sentido, chamamo-lo Diabo, um nome que eu aceito. Para mim, as figuras do mito nos guiam com maior segurança que a evidência moderna e que as análises da razão, porque transmitem uma experiência milenar, ao lado da qual nossas deduções individuais ou localmente lógicas resultam arbitrárias e provisórias, fragmentárias e superficiais.[67]

Assim falou o mestre à turma, respondendo ao Militante, que só se convenceu em parte, mas com pouco ou nenhum fruto, e sem remédio. Mas ficou claro que, após a exposição do Monge, muitas dúvidas e todas as resistências se calaram. Por quê? Porque a verdade se impõe por necessidade e não pela sujeição; e como essa necessidade não é uma queda, mas uma condescendência, segue-se que os submissos a ela, longe de sofrerem um jugo opressor, de bom grado sofrem-na para se elevar.

Há dois grandes erros que ofendem a verdade: o furor de obter o poder, para dominar; e o prazer secreto de abusar dele, para eternizá-lo. Em qualquer caso pospõe-se a verdade às circunstâncias políticas, o dever ao interesse partidário, a boa-fé à vilania.

Finda a exposição do Monge e sabendo-o permeável a perguntas, inquiriu-o a Filósofa nestes termos:

— Não sei bem se minha pergunta procede. Mas a realidade da qual o senhor fala guardaria alguma semelhança com a *coisa em si* de Kant?

— Você pode chamá-la assim se quiser. Mas o que é preciso reter é que a concepção antiga e medieval da realidade é distinta da nossa, ocidental moderna. "Como Macbeth, o homem ocidental tomou uma decisão maligna e que se tornou causa eficiente e final de outras decisões malignas. Esquecemo-nos de nosso encontro com as bruxas na charneca? Ele ocorreu perto do fim do século XIV, e as bruxas disseram ao protagonista desse drama que

---

[67] Denis de Rougemont, *op. cit.*, pp. 19-20.

o homem somente poderia compreender a si mesmo mais plenamente se abandonasse sua crença na existência dos transcendentais. Os poderes das trevas estavam trabalhando sutilmente – como sempre – e exprimiram esse plano sob a forma aparentemente inocente de um ataque aos universais. A derrota do realismo lógico no grande debate medieval foi o evento crucial na história da cultura ocidental; a partir disso procederam as ações que resultam agora na decadência moderna. Por essa razão, considero Guilherme de Ockham o melhor representante da mudança que ocorreu na concepção que o homem tinha da realidade naquele momento crítico da história. Foi Guilherme de Ockham quem propôs a funesta doutrina do nominalismo, que nega a existência real dos universais. A vitória de Ockham fez com que os termos universais fossem rebaixados a meros nomes servidores de nossa conveniência. O resultado prático da filosofia nominalista é o banimento da realidade percebida pelo intelecto e postular como realidade aquilo que é percebido pelos sentidos. Com essa mudança na afirmação do que é real, toda a orientação da cultura é alterada e, então, estamos a caminho do empirismo moderno".[68]

— Esse processo que leva ao empirismo seria o mesmo que Max Weber chama de desencantamento do mundo? – voltou a perguntar a Filósofa.

— Exatamente. Max Weber combatia a epistemologia centrada no conhecimento científico-natural da realidade humana e dava ênfase ao conhecimento histórico dirigido à captação do individual, entendendo por *individual* não o singular no sentido de exemplar isolado, mas no de significativo com referência a valores. "A realidade bruta não diz nada ao intelecto, reage apenas aos sentidos. Weber considera que a compreensão do significado de um fenômeno singular passa sempre pelo crivo de determinados valores, com relação aos quais tal fenômeno

---

[68] Richard M. Weaver, *As ideias têm consequências*, Realizações Editora, São Paulo, pp. 11-12, 2012.

torna-se significativo para nós, convertendo-se, assim, em "indivíduo" histórico com validade interpretativa, ou digno de ser interpretado. A racionalidade conforme os fins encarna o critério hermenêutico – não relativizável – que abre um mundo de significações possíveis e permite a interpretação de nosso mundo, interpretação "válida" para todo aquele que pretenda uma compreensão consciente de si mesmo. É bem sabido que a relação heurística ciência-valores é uma exigência da metodologia weberiana. Essa relação faz menção ao momento de constituição do objeto de conhecimento das ciências culturais e dela depende inclusive a validez objetiva do conhecimento científico-cultural: a "objetividade" do conhecimento das ciências sociais depende disto: de que o empiricamente dado continuamente se oriente com relação às ideias de valor, as únicas que lhe emprestam valor cognoscitivo. A realidade dada se ordena, portanto, segundo categorias subjetivas que se apresentam como fundamento constitutivo do objeto de investigação científico-cultural.[69]

Todo homem que faz parte de uma cultura possui três níveis de reflexão consciente: suas ideias específicas sobre as coisas, suas crenças ou convicções gerais e sua visão metafísica do mundo. O primeiro nível é composto pelos pensamentos que ele emprega em suas atividades cotidianas. Acima disso está o corpo de crenças da pessoa, sendo que algumas podem ser heranças, ao passo que outras são adquiridas... Tudo isso é sobrepujado por um sentimento intuitivo a respeito do caráter imanente da realidade e isso é a confirmação à qual, no final das contas, tanto as ideias quanto as crenças são reportadas com fins comprovativos. Sem uma visão metafísica é impossível pensar em homens vivendo juntos harmoniosamente durante determinado período de tempo. Tal visão carrega consigo uma avaliação, que é o laço de uma comunidade

---

[69] Yolanda Ruano de la Fuente, *Racionalidad y conciencia trágica – la modernidad según Max Weber*, Madri, pp. 31-33, 1996.

espiritual.[70] Ela constitui um saber de fundo; corresponde, mais ou menos, à *Weltanschauung* dos alemães, que implica não somente o conhecimento, mas também os desejos, as paixões e as práticas, os costumes, as crenças e todas as aspirações sociais. Ela é um meio, o mais amplo provavelmente, de apresentar uma sociedade em seus traços empíricos mais significativos, na trama de sua vida cotidiana.[71]

Não temos autoridade para defender qualquer coisa na ordem política ou social, salvo se demonstrarmos, por meio de nossa vontade primária, que aceitamos alguns aspectos do mundo real. "Uma cultura desenvolvida é uma maneira de encarar o mundo por meio da combinação de símbolos, de modo que os fatos empíricos adquirem significado e o homem passa a sentir que atua em um drama no qual os problemas de decisão sustentam o interesse por sua existência e preservam seu caráter... Deve haver uma fonte de esclarecimento, de organização e de hierarquia, a qual estabelecerá fundamentos para a aplicação da faculdade racional. Ora, o homem dá início a esse esclarecimento pela primeira vez quando se torna um mitólogo: já Aristóteles havia observado a íntima relação entre a elaboração de mitos e a filosofia. Essa poesia da representação, que descreve um mundo ideal, é uma grande força coesiva: ela faz povos inteiros aceitarem um modelo e une-se a suas vidas imaginativas. O objetivo mais importante a ser alcançado por ele – o mito – é a descrição imaginativa daquilo que, de outro modo, é um fato empírico bruto, um conjunto de hipóteses sobre o mundo. É necessário que a lógica dependa dessa visão, e não o contrário.[72]

Duas são as características básicas da visão metafísica do mundo: a promoção das formas e a mediaticidade. O homem é treinado para ver as coisas do ponto de vista da eternidade, porque a forma é a parte duradoura. Desse

---

[70] Richard Weaver, *op. cit.*, pp. 27-28.

[71] François Châtelet, *Histoire des ideologies*, Paris, Tomo 1, p. 11, 1978.

[72] Richard Weaver, *op. cit.*, pp. 29-30.

modo, encontramos no homem de verdadeira cultura, invariavelmente, um profundo respeito pelas formas. Mesmo as que ele não compreende são abordadas com a consciência de que existe uma ideia profunda por trás de uma prática antiga. Esse respeito o diferencia do bárbaro, por um lado, e do degenerado, por outro. O fronteiriço norte-americano foi um tipo que se emancipou da cultura. Por meio do abandono de normas restritivas, ele passou a associar todo tipo de forma com o mecanismo de opressão do qual havia escapado (e que se preparava agora para combater politicamente). Sua emancipação deixou-o descontente com o simbolismo, com os métodos indiretos e até mesmo com a defesa da privacidade, respeitada por todas as comunidades civilizadas. Tocqueville fez a seguinte observação sobre esse tipo de homem liberto:

> ... Livram-se do que quer que os separe dele (objeto); removem tudo o que possa ocultá-lo, a fim de que o vejam mais de perto em plena luz do dia. Essa disposição mental logo os leva a desprezar as formas, que eles consideram véus inúteis e inconvenientes colocados entre eles e a verdade.

À medida que tal impulso se movia para o leste, passava a favorecer a crença de que o formal era antiquado ou, ao menos, algo alheio ao norte-americano. Uma desconfiança vulgar em relação às formas, floreada por elogios à clareza, tornou-se a característica da mentalidade norte-americana... Há muito tempo a Europa começou a dilapidar sua notável herança das formas medievais... Atualmente, há no mundo inteiro perigosos indícios de que a cultura enquanto tal tenha sido escolhida para ser atacada, porque suas exigências formais são um obstáculo para as necessidades expressivas do homem natural.[73] E se a ataca invariavelmente através do que se convencionou chamar de desconstrução: desconstroem-se a família, a sexualidade, o amor, a maternidade, a religião, a moral, a

---

[73] Richard Weaver, *op. cit.*, p. 34.

polícia, as proibições normativas (descriminalização das drogas, da pedofilia, do aborto etc.)... Muitos não podem entender por que a forma deveria ter poder para impedir a expressão de corações honestos. A razão encontra-se em uma das limitações impostas ao homem, a saber, que a expressão amorfa sempre tende à ignorância. A boa intenção é fundamental, mas não é suficiente: essa é a lição tirada da experiência do romantismo.

"O membro de uma cultura evita deliberadamente a relação de imediatez, pois ele quer que de algum modo o objeto seja descrito e narrado, ou, como disse Schopenhauer, quer não a coisa, mas a ideia dela. As formas e as convenções são uma escada de ascensão. E por essa razão o homem de cultura fica atônito quando vê o bárbaro destruindo um véu que é metade adorno, metade encobrimento. Todo grupo que se considera independente está convencido de que seus predecessores tinham medo da realidade. Ele vê todos os eufemismos e todos os véus de decência, com os quais as coisas eram outrora cobertas, como obstáculos que ele mesmo removerá agora, com sabedoria superior e coragem digna de louvor. Esse tipo de grupo identifica a imaginação e as mediações com o obscurantismo. Tudo o que é mediado é inimigo da liberdade... Mas uma consequência dessa corrupção, como veremos, é a perda do discernimento. Pois quando esses véus são rasgados, não encontramos realidade alguma por detrás deles, ou, no melhor dos casos, encontramos uma realidade com tantas banalidades que prontamente tentaríamos desfazer nosso pequeno ato impulsivo. Aqueles que são capazes de refletir perceberão que a realidade que nos estimula é uma ideia, da qual são partes a mediação, o véu e a retenção. São nossas várias hipóteses sobre a matéria que lhe dão sentido, e não alguma propriedade intrínseca que possa ser apreendida de mãos vazias, tal como fazem os bárbaros... O desejo de se aproximar cada vez mais da fonte da sensação física é a força de atração para baixo que acaba com a vida ideacional. A educação

Mário Pimentel Albuquerque

deixa de ser digna desse nome quando se mostra incapaz de mostrar que o mundo é mais bem compreendido desde uma certa distância ou que a compreensão mais elementar requer um grau de abstração... Nossa época nos dá muitos exemplos de devastação provocada pela imediatez, sendo o mais claro deles o fracasso em reconhecer a obscenidade... A perda da noção de obscenidade foi simultânea ao surgimento da instituição da publicidade... Orgulhoso de sua impudência, o novo jornalismo deu um estilo elegante a assuntos que antigamente eram encobertos com decoro taciturno. Era natural que Matthew Arnold, um autêntico apóstolo da cultura, visse nisso um inimigo mortal. Depois de uma viagem pelos Estados Unidos, ele registrou sua convicção de que 'se alguém estivesse procurando pelos meios mais eficazes para eliminar e matar em uma nação inteira a disciplina do autorrespeito, a percepção do que é nobre, não faria melhor se recorresse aos jornais norte-americanos'. Aquilo que Arnold percebeu na origem cresceu tanto que hoje temos meios publicitários que de fato se especializam no tipo de obscenidade que as pessoas cultas – e não as lascivas – consideram repugnante e que era proibido pelos mais sábios dentre os antigos".[74]

Fico hoje por aqui. Na próxima aula começo a falar sobre a presença do mal na história.

---

[74] Richard Weaver, *op. cit.*, pp. 36-37.

ÓDIO X AMOR

Hoje fui impelido por um desejo irresistível de conhecer a igreja dedicada ao santo padroeiro do convento. Nenhum ruído, nenhum clamor das ruas perturbava a paz do imenso espaço dourado onde Deus ainda é adorado. Lembrei-me do personagem de Proust, Boni de Castellane, quando disse: "Desterrado, não de meu país, mas de minha época". Assim, vejo a situação dos cristãos, criaturas desterradas de um tempo em que o desprezo de alguns e o ódio de muitos lhes tiraram até a liberdade de falar e ouvir, e teriam perdido até a memória e a voz, se ao homem fosse tão fácil esquecer-se como calar-se.

Satisfeito o meu desejo, pus-me a caminho da sala de aula. Ouvi ainda no corredor, onde ressoavam os ruídos da turma repercutidos pelas grossas paredes de pedra, o som de uma voz estridente que abafava as demais: era a voz do Militar, que se dizia ansioso pela palestra daquela tarde, na certeza de que ela confirmaria o que dissera Santo Agostinho sobre a rivalidade milenar entre a cidade de Deus e a do Diabo, habitada a primeira pela milícia divina, a última, pelas legiões pos malvados. Disse ele:

— Há três coisas que não se podem olhar de frente por muito tempo: o sol, pelo fotofóbico; a morte, pelo hipocondríaco e a verdade, pelo vicioso. Este, quando depara com a palavra de Deus, desvia os olhos e esconde o rosto, porque a verdade que ela proclama recrimina o vício que ele procura ocultar. Não conhece outra forma de vencer o ressentimento ou a inveja senão deixando arder uma paixão mais forte: o ódio. Prega que cada um tem sua própria verdade; despreocupado, convive naturalmente com a mentira, porque as opiniões são mais palatáveis e menos exigentes que a verdade, admite todas elas, sejam fundadas ou não.

Como o tempo exige sempre seus direitos, a chegada do Monge determinou o início da aula e o fim da peroração do colega que, certamente, estender-se-ia por mais tempo, tal o entusiasmo do Militar.

Os alunos, em silêncio, aguardavam o início da aula, sem desviar os olhos do mestre, que nesse dia parecia mais pensativo que de costume. Os dedos do ancião subiam e baixavam por entre os fios da barba, deixando entrever que matutava um enredo cativante para sua palestra. Como se ainda deliberasse consigo mesmo disse:

— O amor é o remédio para todos os males. O único que pode vencer as escaramuças do inimigo. Não digo amar em viver nesta terra, e em razão dela, o que nos é natural, mas dar amor, desprezando-a, o que é heroico. Não há poder maior no mundo do que tem aquele que ama, porque a medida do amor é amar sem medida, e só com um amor radical será possível mudar, para melhor, os homens e as instituições, evitar a guerra e promover a paz.

De repente, um dos participantes não se conteve e, descontrolado, disse:

— Discordo. Se o amor tivesse esse tal poder regenerador, e sendo certo que Deus é o ser que mais ama, donde vem a razão do por que Deus nos trata com tanta dureza? Por que as crianças têm fome, os homens se matam e os povos guerreiam? Acredito, ao contrário, que o ódio é mais curativo que o amor.

Era o Militante que, obediente a uma estratégia previamente elaborada, buscava insistentemente aliciar simpatizantes para sua causa. E prosseguiu ele:

— O ódio constitui uma fonte inesgotável de energia, da qual o reformador, minimante engajado, não pode abrir mão. Diferentemente da cólera, que é um movimento cego e passageiro, o ódio implica a reflexão que o faz durar e lhe dá os meios para se satisfazer. O cristianismo nutre uma injusta aversão por essa pulsão natural que nos ajuda a romper laços, que nos habilita a encarar o sagrado face a face sem nos amesquinhar. É impossível crescer e superar os antagonismos que o capitalismo cria a todo instante sem conhecer o ódio, e mesmo sem repudiar o que outrora se serviu ou adorou. Lunarcharsky já dizia, com razão, que "o amor cristão é um obstáculo ao desenvolvimento da revolução. Nós devemos aprender a odiar, e somente assim conquistaremos o mundo". A mesma coisa preconiza Máximo Gorki: "É necessário destruir de uma maneira implacável os nossos inimigos, sem levar em consideração os suspiros e as lágrimas dos humanistas profissionais". O maior dentre os grandes expoentes do comunismo mundial, Lênin, não discrepa: "Os milhões de seres humanos dos quais eu preciso para fazer minha experiência social não valem, aos meus olhos, mais do que os porcos da Índia... Nós dispomos da opressão. Nós temos o dever de agir com extrema brutalidade... pelo terror absoluto". O ódio, pois, destrói antes pra construir depois, ao passo que o amor nem sequer constrói, obcecado em não destruir. Ao contrário do que se imagina, o ódio não é um instrumento de vingança, mas uma estratégia de luta. De modo que exortamos não só o proletariado, mas também os excluídos e marginalizados para que venham lutar conosco, sem pieguice e com ódio no coração, em prol da urgente implantação do socialismo radical.

Vendo que o Militante concluíra seu discurso, o Militar se antecipou à resposta do Monge, e retrucou:

— Por que tu te arrogas o privilégio aristocrático de pretender iluminar o povo? Deixa-o que, em breve, ele encontrará a sua luz e verá melhor com a própria do que poderia ver com a tua.

Antes que o Militante esboçasse qualquer reação, o que era de se prever, o Monge apressou-se em respondê-lo, mas com tal serenidade que, de certo modo, desarmou o seu trêfego oponente.

Mário Pimentel Albuquerque

— Seria supérfluo o debate que girasse em torno de uma questão sobre a qual a história e a literatura já se pronunciaram, aliás, de forma amplamente favorável ao amor. A primeira dá conta da derrocada de dois regimes políticos, ambos centrados absolutamente no ódio: o nazismo e o comunismo, que o senhor defende. A literatura não é menos resoluta a respeito das consequências trágicas que a eleição do ódio acarreta. Tomemos dois grandes escritores que foram também, em seu tempo, grandes psicólogos e excelentes observadores da eminência e da fraqueza inerentes à natureza humana: Sófocles e Shakespeare.

O primeiro capta magistralmente o processo mental que conduz o ódio ao paroxismo da insensatez, quando, então, a vontade se rende aos caprichos de uma paixão avassaladora e inelutável. No episódio da *Antígona*, Creon, o Rei, é a personificação do ódio. Este mantém-lo irredutível em exigir o sacrifício de Antígona, a noiva de seu filho Hemon. As súplicas, as ponderações e os argumentos dele não são suficientes para sufocar o ódio que transtorna o pai. A decisão se cumpre. Creon se arrepende, toma consciência de seu desvario e manda sustar a execução. Mas já era tarde demais: Antígona não existe mais, e por obra de uma mão suicida morre também Hemon, seu caríssimo filho.

Na tragédia *Otelo*, no momento em que constrói a figura de Iago, Shakespeare cria o personagem mais perverso de toda a sua obra. "Este traço aparece, por exemplo, quando Iago sente-se preterido pelo general Otelo na hora da escolha de seu tenente. Otelo nomeia Cássio. É o que basta para que Iago, sargentão despreparado, mas bom de briga, defina para si mesmo a ambiciosa meta de destruir Otelo a qualquer preço".[75] O enredo se desenrola em torno das intrigas de Iago, que envolvem vários personagens da tragédia, notadamente Desdêmona, mulher de Otelo, Brabantio, o pai desta, Cássio, o suposto amante de Desdêmona e o próprio Otelo. Um lenço de Desdêmona,

---

[75] Bárbara Heliodora, *Shakespeare*. O que as peças contam, Rio de Janeiro, pp. 291-298, 2014.

ardilosamente obtido por Iago, é a prova que convence Otelo da infidelidade de Desdêmona. Otelo a mata, mas logo em seguida a mulher de Iago lhe revela toda a trama do marido. Otelo se mata, não sem antes confessar que, "não sabendo amar, amou demais". A ação termina com a prisão do furioso Iago.

Que conclusão pode-se tirar desses dois exemplos? Por certo que o ódio, assim como o crime, não compensa. A sua falsa serventia durará apenas um momento e sua virulência só findará com os séculos. A última geração ainda se lembrará de suas maquinações entre os homens que tiveram, no passado, a covardia de empregá-lo como arma. Os historiadores, fiéis depositários da verdade, conservarão até o fim os seus nomes e sua vergonha, recordando aos pósteros seus crimes que não pode calar o esquecimento.

O Militante escutava com o rosto tenso, entediado talvez com as palavras de um velho padre que, muito embora fosse um erudito, não havia sido libertado ainda da alienação. O ancião, por um momento, meditou em silêncio. Depois, retomou sua exposição:

— Se não estou enganado, ouvi aqui que se quer confiar aos marginalizados, aos excluídos e aos proletários a tarefa de reconstruir toda uma civilização. Com armas e com ódio pretende-se também criar um homem novo: sem família, sem religião, sem moral, sem sexo e sem pudor. O que essa nova civilização mostrará de positivo se o progresso medir-se não pela satisfação do espírito do homem, mas exclusivamente pelo que agrada os sentidos? Certamente, a virtude aí só será bem-vinda se se compuser com o vício, e os viciosos só a respeitarão se ela não condená-los.

Não é essa a solução que o cristão vai adotar. A sua proposta como conservador é manter o que há de perene nas instituições e reformar o que não o é, mas sempre pacificamente, consoante as exigências do tempo. Por isso, seu objetivo não será jamais atingido se o recurso ao ódio infirmar o imperativo do amor. Sua esperança reside em um segmento social não contaminado pelos males que decorrem do exercício imperfeito da democracia ou da ambição deturpada dos democratas. A quem, enfim, confiará o cristão o futuro da pátria? Quem será o principal agente político, aquele a quem corresponde a iniciativa e o dever de manter vivo e em pleno funcionamento o sistema social e o respectivo ordenamento jurídico através dos tempos? Não temo, desde logo, antecipar minha opinião sobre um tema tão relevante e que será desenvolvido na nossa próxima reunião. Por enquanto, indago a vocês: a quem confiou Atenas o papel de mediador entre os deuses e o povo? Escolheu *o jovem*. Assim como a criança é o mediador na família, assim também o jovem deve ser o mediador na cidade. Assim como nas querelas domésticas, quando o pai está num lado da mesa e a mãe no outro, é a criança que pega a mão de um e põe sobre a mão do outro, assim também será na cidade, onde o jovem deve ser chamado a apaziguar as diferenças sociais e as iras partidárias. E na circunstância mais grave do mundo, depois de Maratona, essa maravilhosa vitória da civilização sobre a barbárie, quanto Atenas quis dar graças aos deuses da pátria por haver poupado a cidade, os magistrados não foram convocados, ninguém parecia suficientemente digno para um tão grande encargo; buscou-se em todo o povo, e afinal se encontrou uma criatura virginal marcada com o selo dos deuses, radiante de juventude, de beleza, de gênio: foi o jovem Sófocles o encarregado de apresentar-se só diante dos deuses pela cidade de Atenas.

A turma ainda escutava, quando o Monge terminou a palestra, dizendo:

— Não receiem fazer perguntas. Só temo que elas sejam mais vastas que o meu saber. Amanhã prossigo com o mesmo assunto.

O JOVEM E A VISITA
DE UM ESTRANHO

Numa tarde de céu claro, não mais naquela hora em que os raios do sol ofuscam a vista e nos impelem a buscar abrigo na sombra, eu caminhava no gramado de um jardim contíguo ao corredor que dá para as salas de aula, onde perambulavam também alguns monges. Notei que começavam a chegar os colegas, com passos apressados para atravessar o jardim, à exceção de um casal que, alheio a tudo que se passava à volta, saboreava uma conversa animada, que fazia o homem gesticular e a mulher dar sonoras gargalhadas. Ambos se aproximaram mais do corredor, onde eu estava, de modo que pude reconhecê-los e também ouvi-los: era o Militante acompanhado da Filósofa. Ele escarnecia a forma como a Igreja trata com intolerância situações particulares que, a bem da verdade, não lhe dizem respeito; ela se divertia com o jeito folgazão do Militante, sempre disposto a destruir preconceitos e afrontar proibições. Pus-me então a cismar sobre a razão de um diálogo tão íntimo e repentino: será que o Militante havia conquistado seu primeiro aliado?

Chegamos, afinal, à sala, a tempo de dizermos o *Pai Nosso*.

Uma vez pronunciada a oração, o ancião dobrou as mangas de seu hábito marrom e retomou apressadamente seu tema, como se as palavras piedosas o tivessem reanimado.

— O jovem é uma benção na sociedade, assim como o verde o é na natureza. Este embeleza as planuras, dá sombra ao andarilho e fornece o ar que respiramos; aquele é a apoteose da forma humana, ama o novo e defende a

Mário Pimentel Albuquerque

vida, a liberdade, a justiça, contra os aventureiros políticos e as desigualdades sociais, e só deixa de ser jovem quando não tem mais causa para servir. O jovem seria a mais alta expressão da exaltação poética não fosse o verde; o verde seria a mais bela criação de Deus, não fosse o jovem.

Mas nisso que consiste sua nobreza, a saber, na busca arrojada de novas alternativas e novas respostas, aí mesmo reside seu maior perigo. Como os jovens são naturalmente solidários, leais e influenciáveis, os aproveitadores de todas as épocas têm explorado suas características naturais em ordem a promover mudanças sociais e revoluções políticas, acordes com seus interesses pessoais ou aspirações ideológicas inconfessáveis. Essa gente é recrutada nos bastidores da sociedade, quando não o é no seu *bas fond*, chamem-se eles, sofistas, demagogos, sicofantas, retóricos, caudilhos ou professores universitários.

A história está cheia de exemplos que demonstram o reiterado exercício dessa prática milenar, sem que jamais se lhe opusessem resistência ou sanção de qualquer natureza, precisamente porque resisti-la ou sancioná-la representaria, ainda que voltada à defesa do jovem, uma transgressão das "liberdades democráticas".

Libânio, em sua autobiografia, diz que na sua adolescência ouviu falar dos combates que equipes de estudantes, munidos de paus, punhais e pedras, travavam em plena Atenas, assim como das feridas e dos processos que essas disputas davam lugar, nas quais os estudantes se empenhavam furiosamente, tudo arriscando no desejo de promover o prestígio de seus mestres sofistas. A deusa Fortuna, porém, com sua infinita sabedoria costumeira, desviou-o do sofista em favor do qual ele acreditava dever se expor assim. "Raça inútil de gramáticos, diz Antífanes, toupeiras roedoras da inspiração dos outros, piolhos parasitas, aficionados de ninharias, detratores de obras-primas e glorificadores das Erínias, cães rabugentos, ladradores esquálidos de Calímaco, flagelos dos poetas, vós que aos nossos jovens, no limiar da vida, não dais senão trevas, precipitai-vos no inferno! Percevejos devoradores das obras harmoniosas". (*Antologia Grega*, XI, 322). Platão, no *Menon*, destila uma ironia fina: "Protágoras, ao contrário, poderia ocultar a toda Grécia que ele estragava os que se lhe aproximavam, que os devolvia piores do que o eram ao recebê-los, e isso durante mais de quarenta anos... Ele não era o único, aliás; outros fizeram o mesmo, alguns antes dele, muitos depois, e que vivem ainda. Diremos que eles sabiam o que faziam quando estragavam, como tu dizes, e enganavam a juventude, ou fizeram sem sabê-lo?". A seguir, Xenofonte, *A arte da caça*: "Não me admira que os homens que se chamam sofistas mantenham que conduzem os jovens à virtude, quando é certo que os conduzem à perdição, posto que nunca vimos em parte alguma um homem a quem os atuais sofistas tenham ensinado a ser honesto, nem conheço um só escrito deles que exalte a honestidade. Eles, ao contrário, escreveram muito sobre assuntos vãos, que proporcionam aos jovens talvez prazeres superficiais, mas onde não reina a virtude; eles os desviam de outras ocupações úteis, e os ensinam o mal. Em razão disso, eu os reprovo duramente pelos seus graves erros; quanto aos seus escritos, eu não os censuro senão pela erronia de só se ater às palavras, jamais aos pensamentos justos, de modo a formar jovens virtuosos".

Consciente da importância do jovem para o futuro de qualquer nação, Satã põe todo empenho em corrompê-lo, seja pela deturpação do ensino ministrado, seja pela improbidade e impudência que caracterizam, por exemplo, a função de mestres como Pedro Abelardo e Arnaldo de Brescia, na Idade Média.

O cenário da educação moderna é pior ainda, notadamente se consideramos a intensidade das paixões que antes era um ingrediente quase exclusivo da política, mas que hoje frequenta com total sem-cerimônia o banco de nossas escolas. Campeia o ódio, onde sempre deveria imperar a concórdia; à sombra da *luta de classes*, alunos se engalfinham, professores são esmurrados, ofendidos ou esfaqueados, e a mídia não vê nisso senão o sintoma de um mal geral, decorrente de preconceitos machistas, homofóbicos e fascistas, cujo apelo contribui ainda mais para reacender as dissensões e multiplicar os conflitos. "Os professores já não ousam exigir dos alunos um comportamento correto em relação aos mestres e colegas. Os corredores das escolas não se diferenciam dos pátios de recreio, de pocilgas. Lixo por toda parte, bolas mal-cheirosas, papel rasgado, giz esmagado, cabides arrancados, paredes maculadas de inscrições obscenas, vidros quebrados, urros selvagens, vociferações bestiais, pugilatos, roubos, extorsões, insultos, fezes, corpos caídos entre os detritos, universo dantesco onde os que ainda andam só conseguem transitar a duras penas. Nem se fale das cotoveladas, pontapés, bolsadas, rasteiras e das zombarias vulgares que um professor aguenta num dia de trabalho.

A covardia e a inconsistência da administração levam a duas consequências igualmente funestas: primeira, elas arruínam a disciplina, sem a qual não é possível qualquer instrução; em seguida, atingem o próprio princípio de autoridade. Transformam as instituições escolares em um campo fechado, onde se defrontam *lobbies* egoístas, incapazes de fazerem prevalecer a consideração do bem comum diante de seu ponto de vista parcial e de seus interesses particulares. O espetáculo dessa administração empurrada ao sabor de pressões contrárias e o de um corpo docente sem prestígio corrompem precoce e, às vezes, irremediavelmente o senso de civismo dos alunos, que logo aprendem a substituir o respeito à instituição escolar pelos berros, pela arrogância, pela autossuficiência insolente; passam a pensar que as relações sociais são baseadas, em última instância, única e exclusivamente na força.

Quando se quer controlar o que é incontrolável por natureza, só se pode destruir. Isso é verdade, tanto no domínio da economia quanto no da inteligência. O ideal da pedagogia é a *tabula rasa*. A criança se deve apresentar inicialmente como uma página em branco que a educação irá preencher com ideogramas idênticos para todos. Sem esse vazio prévio não se terá um controle total sobre o futuro da inteligência. A primeira etapa do trabalho pedagógico consiste, portanto, em partir do zero, em instaurar a "igualdade" entre as crianças, destruindo ou tornando inutilizáveis os conhecimentos que obtiveram por si próprios.

Não contente de destruir as noções primeiras que se constituem espontaneamente no espírito e de instaurar o reinado do *non sense*, a pedagogia se esforça por impedir a inteligência de sair do limbo da infância. Desde a escola primária, os pedagogos obstinam-se na destruição da curiosidade espontânea dos alunos, seu gosto pelo maravilhoso e sua sensibilidade e propõem-lhes para estudo os objetos mais insípidos de seu universo cotidiano, do qual, aliás, jamais deixam de deplorar, hipocritamente, a indigência. O absurdo desse comportamento salta aos olhos: não se pode, ao mesmo tempo, levar os alunos à "cultura" e fechá-los no universo estreito onde o acaso do nascimento os colocou.

Não só os conhecimentos são visados, eles nem mesmo se situam no primeiro plano; é a própria linguagem, é, sobretudo, a linguagem que está marcada pela suspeição. Todas as práticas, todos os métodos distribuídos pela pedagogia, tendem a economizar a linguagem, pois esta é considerada infame por numerosas razões. Primeiramente, revela as disparidades culturais entre as famílias, que, de outra maneira, não demonstrariam obrigatoriamente, as disparidades socioeconômicas; é formada à revelia da pedagogia, antes da intervenção dos pedagogos, e é suficiente para ressaltar o contrassenso do discurso pedagógico; faz da *tabula rasa*, sonhada pelos pedagogos, um ideal inacessível; introduz uma descontinuidade radical entre o vivido e o conceito, desvelando a impostura do empirismo limitado sobre o qual repousa a "pedagogia científica". Encoraja-se a expressão livre e espontânea, não meditada e não construída, cujo ideal seria o grito inarticulado, o barrido até o borborigmo; o fim último da comunicação entre mestres e alunos é atingido no grunhido pontuado de raros monossílabos. Pois essas eructações são infinitamente mais significativas que qualquer discurso construído; elas denunciam alguma coisa e "interpelam" o pedagogo encantado.

Como toda *inteligentsia*, o corpo docente articula-se ao redor de falsas ciências: tal é o papel da pedagogia e, acessoriamente, do marxismo, com frequência chamado para reforço. Por outro lado, organiza-se em sindicatos de um tipo particular, que são os sindicatos docentes de esquerda. Muitos professores são abocanhados pelo turbilhão sindical antes mesmo de terem podido soltar um "ah" e antes de terem recobrado seus espíritos. Sua força adveio do fato de ele ter conseguido convencer seus filiados de que ele era a única força social capaz de realizar, através da "escola libertadora", o ideal messiânico do homem novo, ao qual toda a esquerda revolucionária, comunistas, socialistas, cristãos progressistas se ligavam.

Ávidos de legitimidade, como todos os impostores, os "pesquisadores práticos" em pedagogia desenvolvem um ativismo frenético; entregam-se à observação, que será, fatalmente, "interveniente" e "participante", pois, a seus olhos, o supremo perigo é permanecer cativo de uma concepção burguesa "objetivista" da ciência.

Toda essa maquinaria teórica seria digna de riso se não engendrasse efeitos sociológicos temíveis, ainda não corretamente medidos. O princípio é muito conhecido: a verdade de uma teoria é função de seu poder de denúncia, por outras palavras, de sua aptidão para representar o papel de "revelador dos problemas sociais reprimidos". Essa atitude intelectual tem seu prolongamento nas "*praxis*" subversivas, que "contribuem de uma maneira mais eficaz para a elevação do nível de consciência social da população". Constrange-se a universidade a dar um espaço cada vez maior a esses comandos ideológicos que a intimidam, hipnotizam e agridem, sem que ache em si própria cora-

AS PALESTRAS DO MONGE

gem para resistir, pois por muito tempo compactuou com o terrorismo intelectual.

A ameaça, que escapa a olhos profanos, é bem real. Se esse movimento, de que já se percebeu a nocividade no domínio pedagógico, continuar a estender-se, chegaremos à completa destruição da universidade, a um desvio sistemático de todas as instituições do saber, que não somente deixarão de preencher sua função, mas serão transformadas em máquinas de guerra contra a sociedade.

Se a organização da máfia pedagógica deixa ainda a desejar, suas realizações intelectuais são já imensas. É testemunha disso o consenso quase unânime sobre o "novo ideal" de deseducação, que dá a precedência a toda espécie de atividades extraescolares, como excursões, clubes etc. Essa inversão de finalidades é típica do socialismo. Ainda se tolera o ensino, já que certos professores têm a fraqueza de querer ensinar, mas com a condição de não atrapalhar outros projetos mais essenciais.

Como explicar que medidas claramente nocivas ao bem público sejam adotadas sem que a sociedade proteste? A razão é simples. A lógica socialista exerce uma grande fascinação sobre o espírito, porque ela o faz mover-se em suas próprias produções. Substitui-se, ao espírito objetivo e às vezes árduos de dados limitados, uma sistemática abstrata, que procede de um todo fictício para partes hipotéticas e conduz as diferentes facetas da realidade a princípios imutáveis, fictícios também eles, a partir dos quais os fenômenos são deduzidos *a priori*. A realidade aparece como uma exceção às regras da razão; é preciso reduzi-la para seu próprio bem. Não se tem a impressão, por enquanto, dessa guerra contra a natureza; ao contrário, ela representa a *suma ratio* do sistema e sua ficção fundadora; a marcha socialista apresenta-se animada pelo desejo de produzir uma natureza liberada, desembaraçada de qualquer entrave ou parasita. São reputados entraves ou parasitas todas as instituições, todas as mediações, tudo que se interpõe entre a vontade e sua

Mário Pimentel Albuquerque

realização: os patrões, os bancos, o dinheiro, o trabalho, a gramática, a linguagem são inúteis e mesmo perniciosos, porque impedem o livre desenvolvimento da natureza e entravam seus processos. Esse ideal de desenvolvimento espontâneo, que é a ambição da primeira fase do socialismo, desemboca "dialeticamente" no seu contrário, pois, como a boa natureza teima em não aparecer e como a má já foi destruída para lhe dar lugar, precisa-se recorrer ao fórceps – produzir-se-á a natureza racional. É, então, que se entra na segunda fase do socialismo.

A escola percorreu o primeiro estágio: pediram-se às crianças que fossem seus próprios professores, que produzissem, elas próprias, seu saber e seu método.

Mas pode temer-se uma segunda fase. Desde que o socialismo está no poder, a visão sociologista foi substituída por outra policialesca, da realidade. Se alguma coisa vai mal, não é mais por culpa do "sistema", mas é porque as medidas "boas em princípio", tomadas pelo governo, são mal aplicadas, por causa da resistência e da má vontade de alguns. Um contingente de sabotadores, sempre aumentado por passadistas e retrógrados de toda espécie, exerce sua influência insidiosa e malfazeja sobre a gestão da coisa pública. Impõe-se a conclusão de que é preciso reeducar esses recalcitrantes, explicar-lhes a política do governo. A pedagogia, então, está no ponto de realizar seu sonho, que é o de deixar a instituição escolar e cair, como um enxame, sobre a sociedade inteira. Aí está a causa da profunda afinidade entre pedagogia e socialismo. Um gigantesco exército de pedagogos será necessário para convencer a população da solidez dos empreendimentos socialistas. A sociedade toda será uma escola, onde a educação nunca terá fim.

A escola está morrendo sob nossos olhos, minada pela desorientação intelectual e moral, propícia a todos os extravios, a todas as aventuras imagináveis. Essa perversão acontece cada vez que a cultura é posta a serviço da ambição igualitária e do ressentimento, cada vez em que é transformada em arma de guerra contra os "privilegiados". Grosseria e rudeza reinam sem peias e, coisa paradoxal, são consideradas o indício irrefutável de uma sociedade verdadeiramente livre. A escola ilustra de maneira chocante como a grosseria elevada à dignidade de princípio conduz ao despotismo de todos sobre todos; opressão alguma é pior, pois não há revolta possível contra uma tirania endêmica, exercida por toda a coletividade.[76]

— Essa predileção pelo que é vulgar, indagou o Seminarista, corresponde ao atual esclerosamento da sensibilidade estética? Há uma causa histórica que explique esse fenômeno?

— Por certo que há. Como acertadamente mostrou Philippe Raynaud em seu livro *La Politesse des Lumières*, a civilidade é objeto, depois de Rousseau, até maio de 68, não somente de uma lenta desagregação, mas de uma crítica em regra, inerente à desconstrução moderna das tradições. Mesmo que ela tenha predecessores (como não se lembrar do *Alceste* de Molière), é sem dúvida com Rousseau que tudo começa verdadeiramente. Para ele, a polidez e a ciência são igualmente criticáveis, posto que contrárias à natureza, tanto quanto a "santa ignorância" é a única salvaguarda da pureza do coração contra a corrupção dos costumes. Tal é o objeto do famoso elogio de Esparta contra Atenas, no seu *Discurso sobre as ciências e as artes*:

> Foi no próprio seio da Grécia onde se viu elevar-se essa cidade tão célebre por sua feliz ignorância como pela sabedoria de suas leis, essa república mais de semideuses que de homens, tanto suas virtudes pareciam superiores à humanidade. Ó Esparta! Opróbrio eterno de uma doutrina vã! Enquanto os vícios guiados pelas belas artes se introduziam aos montes em Atenas, enquanto que um tirano reunia nela com tanto cuidado as obras do príncipe dos

---

[76] Isabelle Stal e Françoise Thom, *A escola dos bárbaros*, São Paulo, passim, 1987.

poetas, tu expulsavas de teus muros as artes e os artistas, as ciências e os sábios.

Aos olhos de Rousseau, Licurgo, o grande legislador mítico de Esparta, foi sobradamente superior a Pisístrato, o tirano de Atenas que reuniu e editou as obras do *Príncipe dos Poetas*, isto é, Homero. Como os jovens espartanos, Emílio não possuirá livros, ou os possuirá poucos, para que a cultura escrita não corrompa a pureza da alma inocente do menino.[77]

Se a corrupção da juventude é já uma monstruosidade satânica, porque a priva, a um só tempo, dos prazeres inocentes do mundo e do gozo perene da eternidade, pense-se então o que pode haver de mais cruel e abominável do que o pecado que nega aos que não nasceram ainda a possibilidade de ser jovem e, com ela, o direito de eternizar suas ideias e de melhorar o mundo.

Fez-se um silêncio inquietante na sala; percebendo por trás dele o desejo geral de rompê-lo, o mestre concedeu a palavra àquela que mais se perturbara com a sua proposição anterior: a Filósofa.

— Com sua licença, gostaria de confessar que sou a favor da interrupção voluntária da gravidez. E justifico minha posição. A gravidez nada mais é que uma guerra entre o filho e a mãe, onde esta quer se desembaraçar do feto e este quer se vingar dela. Ela persegue a solidão, quer livrar-se do hóspede indesejável. Perturba a sua deformidade e sua dilatação humilhante a convence de que não vale a pena ser mãe se o preço a pagar por isso for o estiolamento de sua fresca beleza e o comprometimento de sua juventude. Não o quer e não o queria. Confiara em que o último encontro, como os demais, tivesse sido estéril; esperava, com infinita ansiedade, pelo periódico sinal libertador, que, afinal, não veio. A eterna ferida de Eva não voltou a sangrar, a demonstrar que a alegria juvenil, que seu rosto irradiava, iria abandoná-lo para que outro ser, à

---

[77] Alain Boissinot e Luc Ferry, *La plus belle histoire de l'école, Paris*, pp. 410-411, 2017.

AS PALESTRAS DO MONGE

sua custa, nascesse são e exuberante. Desde então, tudo o que um consegue, rouba-o à outra; nenhuma trégua durante a gestação virá coibir o sacrifício da mãe e a avidez do filho. Ela não o ama ainda e ele não pode amar a quem o despreza. O que a ele ajuda, a ela prejudica. Desenha-se uma situação de ódio recíproco; uma guerra tremenda e desigual entre a mãe e o filho que só sua legítima interrupção restituirá àquela um direito sagrado que este reiteradamente transgride.

— Muito bem, disse o Monge. Alguém deseja replicar a objeção formulada pela colega?

— Gostaria de fazê-lo, respondeu o Incógnito. Tentarei ser o advogado daquele que, sistematicamente, é condenado sem jamais ser ouvido, ainda que seu direito a viver constitua o mérito da causa. Nunca no Ocidente se ouviu dizer que a uma pena de morte não precedesse o regular contraditório, mormente quando ela é excruciante e desumana. O réu falará por mim; a sua palavra será a minha palavra; a minha angústia, o seu desespero; a minha dor, a sua agonia.

Eu era apenas um embrião, mas já tinha alma, uma alma imortal que me prendia ao Criador, envolvida num corpo que me sujeitava à mulher que não escolhi por mãe. Deus e Mãe, eis os únicos seres a quem devia a vida e a proteção da minha natural fraqueza. Não me era lícito desconfiar deles, afinal, o primeiro me deu a existência, a última me mantinha nela com nutrientes, cuidados e carícias que testemunhavam sua afeição por mim. Meu nascimento e criação estavam garantidos, pensava eu. Dividido por três, o imenso trabalho que eu tinha pela frente se traduzia em pequenos esforços distribuídos por três pessoas que queriam exatamente o mesmo: o meu nascimento com vida.

Com efeito, os trabalhos que o homem adulto tem que enfrentar para sobreviver não se comparam com os enfrentados pelo embrião para nascer; para dar forma à carne, músculos, ossos e cartilagens; para articular o

Mário Pimentel Albuquerque

sistema respiratório com o funcionamento de todos os órgãos e funções responsáveis pela vida humana; para manter o sopro vital, quando há uma espantosa variedade de situações que agridem permanentemente a vida uterina. Tudo isso a partir de um humilde estado celular até o pleno desenvolvimento da forma humana, representa um esforço tão ingente e combinado entre mãe e filho que só vale a pena despendê-lo em nome da vida que surge e o da maternidade que a pressupõe. Maternidade e vida, dois conceitos que sintetizam uma unidade inquebrantável e realizadora de uma perfeição que é divina, mas que minha mãe, sugestionada talvez por alguma inspiração maligna, atreveu-se a alterar.

Lembro-me que um dia, em que eu me divertia observando a formação de meus pequenos membros, ansioso também pelo encontro com a minha adorada mãe, a quem não queria decepcionar, notei que algo penetrava o líquido que me envolvia e ameaçava não só o meu corpo, mas, sobretudo, a intimidade particularíssima com a mulher de quem eu agora esperava o socorro e a pronta intervenção. A primeira estocada levou minha perna; então gritei: "Mãe! Socorro! Um intruso quer matar-me!". A segunda tirou-me um braço. Gritei novamente em vão. A dor maior senti quando me dei conta de que minha própria mãe era cúmplice daquele atentado que me matava aos poucos, que despedaçava minha carne e feria o meu coração. As estocadas se sucederam e então me convenci de que tinha de abandonar o refúgio materno e voltar para o seio Daquele de onde havia partido. Recordo-me que ainda tive forças para me dirigir ao céu, dizendo: "Se aquela que me deste por mãe rejeita o meu corpo, recebe Senhor ao menos minha alma".

O Monge deu por terminada a palestra, sem fazer qualquer referência aos dois pronunciamentos. Afinal, não eram objetos do tema proposto.

Não saí com os demais colegas. Resolvi permanecer na sala para pensar no que acabara de ouvir. Mas ao refletir sobre as razões do Incógnito, não pude deixar de pensar também no tema das palestras. Suspeitei que poderia haver uma relação entre os dois fatos, ou de natureza causal ou exemplar. Sumido nessas reflexões, não me dei conta de que não estava sozinho; havia alguém sentado na outra extremidade da sala, embaraçado talvez, como eu, com o rumo que tinha tomado a palestra. Sorriu e veio em minha direção. Era alto, pálido e ainda jovem, mas aquela juventude que viveu bastante e que é mais grave que a velhice. Seu rosto, alvo e comprido, não tinha nada de particular a não ser um queixo proeminente. Sentou-se à minha frente e disse:

— Não se deixe levar por considerações infundadas. Tenho percebido sua honestidade intelectual e seria imperdoável furtar-me a abraçar a causa da verdade, deixando-o à mercê de argumentos ardilosos. Sou estudioso dos temas sociais e posso garantir que a humanidade caminha a passos largos em direção a um futuro promissor, e lá chegará com certeza, a menos que prevaleça o pessimismo de pessoas tímidas e acomodadas.

— Mas o que é tão óbvio para você, que minha ignorância ou minha ingenuidade não me deixam perceber? — indaguei.

— Pense, meu amigo, na grandeza do progresso que se realiza sob nossos olhos, progresso que leva os homens do passado ao futuro, daquilo que já não é ao que não é ainda, daquilo que se recorda àquilo que se espera. Tudo isso foi feito sem religião e apesar dos religiosos. Creia, o Militante tem a verdade do seu lado quando profliga as formas e as hierarquias. Os moralistas servem-se delas para nos calar e rebaixar os homens à condição humilde de eternos pupilos de suas homilias ridículas.

— Muito bem — disse eu. — Há algo de verdade no que você diz. Mas só são palavras. Na prática, o que elas significam?

— Reafirmo que a estirpe humana não precisa mais de controle externo da religião. Digo externo porque os religiosos, quando se tornam tais, abandonam a condição humana, mas nem por isso se inibem de julgar severamente nossos desejos e nossas paixões, que nem sequer podem entendê-los, posto que não os experimentam mais.

Acho que devemos fazer pela humanidade o que as feministas fazem pelas mulheres. Só assim sacudiremos o jugo da religião e da moral burguesa. Ambas querem nos impor à força suas ideias, seus princípios, seus gostos. Basta! Os homens, se se os deixam sós e livres, são, na maioria das vezes, bastante capazes e empreendedores. Os religiosos raciocinam como religiosos e não nos entendem, e não buscam outra coisa que fazer-nos semelhantes a eles.

— Claro. Mas para nos entendermos me responda: sendo você um mero participante, que reivindicação ou protesto você dirigirá ao Monge?

— Não me cabe fazer nem uma coisa nem outra. Cumpre-me apenas alertar os colegas, notadamente os de boa-fé, como você e o Incógnito, para que não se deixem iludir com ladainhas compridas e malpostas. Atentem para o que diz e faz o Militante e nunca para o que ensina e impõe o palestrante.

Antes que obedecer as formas e a hierarquia, devemos nos guiar pelo útil e pelo prazer. Eles são a bússola que a natureza deu ao homem para situá-lo e livrá-lo do extravio. Dou um exemplo: para viver, o homem precisa se alimentar. Os alimentos produziriam o mesmo efeito no organismo, ou seja, alimentariam, mesmo que não fossem saborosos, fossem insípidos ou tivessem todos o mesmo gosto. Mas a natureza não quis assim, e junto com o alimento associou o prazer de comê-lo, o prazer que distingue o que nos convém e que mais agrada.

Por que não entender esse critério demasiadamente humano a outras esferas da vida? De posse dele, muitas questões, aparentemente complexas, seriam resolvidas à luz do prazer individual ou da utilidade coletiva.

— Você quer dizer que questões relativas ao aborto, sexualidade, família, desarmamento, podem ser dirimidas consoante o critério do prazer?

— Não só podem como absolutamente devem. Os liberais invertem os termos da equação. Querem a liberdade na economia e o dirigismo social, quando o bom senso e a experiência demonstram que a sociedade livre somada ao planejamento econômico conduzem aos melhores resultados sociais e ao crescimento da economia. Parece-me óbvio que se cada indivíduo buscar o máximo prazer para si, ao mesmo tempo em que colabora com os demais na remoção de tudo que não é útil nem prazeroso, a coletividade, na ponta, beneficiar-se-á com o que, na origem, não era senão uma simples satisfação de um prazer individual. Não sou eu que digo isso. Marcuse já o dizia há cinquenta anos.

Depois dessa medida, sábia e humanitária, milhões de seres que estão separados da vida e se acham oprimidos e discriminados, terão pela primeira vez o direito a viver sua própria vida, a seguir suas inclinações, seu gênio, a se subtrair do jugo contínuo e injusto de seus opressores. A melhor parte da vida, aquela que se vive num eterno presente, não será ameaçada por tiranias visíveis ou invisíveis.

Eu estava chocado com o que acabara de ouvir. Será, pensava, que o Monge sabe a espécie de aluno que, talvez, aplauda-o face a face, mas que nos bastidores o denigre e o humilha? Será que não há um critério de seleção de forma a separar o joio do trigo por ocasião da inscrição prévia? Cumprimentei-o com cortesia e me retirei sem sequer perguntar-lhe o nome.

LEGIÃO E O MAL

Cheio de dúvidas, no dia seguinte hesitava sobre se devia afastar-me e evitar o importuno colega, se esperar para dar tempo ao tempo. Não me decidia entre o íntimo imperativo de uma nobre consciência que me mandava desmascará-lo, denunciando-o ao Monge, e o escrúpulo timorato de deixar as coisas como estavam. Nesse momento, para meu espanto, apareceu à soleira da porta o Monge. Não se dirigia, obviamente, para a sala de aula, mas vinha em minha direção, justamente numa hora e lugar em que eu não poderia suspeitar encontrá-lo. Parou à minha frente, cumprimentou-me e disse:

— Pude perceber que você conversou amistosamente com um moço ontem após a palestra. Era um colega? Sobre o quê falou ele?

— Era um colega, mas nunca o tinha visto — respondi. — Revelou grande erudição e conhecimento, conquanto eu não concordasse em tudo com ele. A bem da verdade, suas palavras eram amargas e seus juízos precipitados. Imagino que as palestras serão extremamente úteis para seu desenvolvimento intelectual e equilíbrio psicológico.

— Temo desapontá-lo, meu caro. Ele não participará mais de nossas reuniões.

— Longe de mim, mestre, questionar suas decisões. Imagino, porém, que não seria desarrazoado dar-lhe uma chance para aflorar suas virtudes, seu lado bom, que certamente os tem. Prometo cooperar, incentivando-o, trazendo-o para a intimidade do convívio dos demais alunos e estreitar o nosso próprio relacionamento, que, mal começou, pouco faltou para que se extinguisse, sem que eu pudesse descobrir seu nome.

Mário Pimentel Albuquerque

— Seu nome é LEGIÃO. Assim ele o tem confessado sempre que perguntado nos exorcismos – sentenciou o mestre.

Fiquei paralisado de horror. Estremeci-me com tal constrangimento que mal pude, sem a ajuda do Monge, permanecer em pé. E balbuciei:

— Será que eu entendi bem o que o senhor quis dizer? Será que o inimigo de Deus teve o atrevimento de entrar em Sua casa e detratar um Seu consagrado? Como pôde ser isso?

— Lembre-se que a toda irrupção da graça corresponde um assomo igual de tentação, se não de queda. De vez em quando, o nosso adversário vem nos incomodar, mas sabemos bem como tratá-lo. Não se aflija, ele não virá mais importuná-lo. Eu o prometo. Vamos agora para a sala. Vou dar início à palestra.

Sentia-me terrivelmente perturbado e comovido; minha confusão e meu espanto provinham tanto da aterradora experiência do sobrenatural quanto da serenidade como o Monge lidou com um fenômeno que afugentaria o mais intrépido mortal. Apenas sentei-me na minha carteira, comecei a relaxar, mas ainda angustiado e abatido pelo inexplicável.

Felizmente, a palestra começou e pude concentrar minha atenção nas palavras do mestre.

— Antes de entrar a falar sobre a manifestação do mal na história, tema que nos ocupará neste e nos próximos encontros, convém precisar com rigor o sentido dessa expressão, que pode evocar significados diversos, em função do contexto ou das variadas intenções que cada um de nós tem ao empregá-la. Vou dar um exemplo do problema que a polissemia pode ocasionar.

Tomemos cinco palavras dentre as mais frequentes na linguagem e nos escritos de nosso tempo: *espírito, revolução, liberdade, ordem, pátria*. Eis aqui os instrumentos do jogo filosófico, ou político, que estamos jogando: escritores ou leitores, cidadãos ou homens de Estado. Uns assumem o partido do espírito e os outros o da ordem; uns o partido da revolução, outros o da pátria. Uns desejariam a liberdade na ordem, ou a revolução pelo espírito, ou um espírito patriótico, ou uma pátria espiritual... Enquanto que outros opõem o espírito à revolução, a ordem à liberdade, ou, mais ainda, as pátrias da ordem à pátria da revolução... Todas essas combinações e essas permutas seriam, porém, bastante simples de destrinchar na prática e poderiam definir eficazmente os partidos, se ao menos cada uma dessas palavras tivesse o mesmo sentido para todo mundo. Ou, entre vários sentidos diversos, um sentido preponderante sobre o qual fosse possível concordar. Pois, sem falar dos 29 sentidos que Littré dá à palavra *espírito*, se pergunto, ao acaso, aos que querem defender "o espírito" contra as ameaças chamadas materialistas, constato que por essa palavra se entende tanto a inteligência, como o Espírito Santo, tanto o luxo dos delicados quanto as faculdades criadoras do homem, ou também uma sabedoria asiática, ou uma mentalidade de classe, ou simplesmente toda cultura e seus produtos. Um simples equívoco semântico às vezes estabelece um confronto entre dois homens, que, de outro modo, poderiam ter-se entendido e aliado: é que para um, espírito significa evasão, espiritualismo e engano burguês; para o outro, presença efetiva do pensamento e da fé ante nossas misérias, atividade concreta e criadora, e garantia contra os prejuízos interessados.[78]

A palavra *mal* é um desses termos polissêmicos. No sentido em que eu a emprego aqui, apenas alguns dicionários a contemplam, pois ela não é só o oposto de bem, nem é apenas uma imperfeição; não é uma privação; sequer significa dor, dano ou prejuízo; sua acepção primária corresponde ao substantivo, metafísico e pessoal, que denominamos de Satã ou Demônio.

Desse personagem, ao mesmo tempo real e simbólico, tem-se dado as mais diversas explicações. Mas o que

---

[78] Gougenot des Mousseaux, *Moeurs et pratiques des démons*, Paris, p. 383, 1895.

é incontroverso é que se trata de um espírito que pode se fazer presente no mundo e na cultura humanos através de substâncias vicárias, passivas ou expressivas, aptas a realizar funções orgânicas e intelectuais, consistentes em processos físicos e mentais que excedem sobremaneira a capacidade do homem. Mas toda sua astúcia, toda sua complicação, os indiscerníveis refolhos e meandros de seu pensamento, seus ardis histéricos e suas ciladas fraudulentas, tudo isso, enfim, está dirigido à realização de um só objetivo: perder o homem e a humanidade. Na aurora da época moderna, na Europa envolta numa crise religiosa e moral grave, que enfrentava a instabilidade social e a insegurança política, o império falacioso do diabo se edifica. Durante um século ou mais, Satã vai cooptar as inteligências, perturbar as vontades, obnubilar os espíritos; ele atrairá a si uma multidão de fiéis para mantê-los sob o jugo infernal, aqui e no além; terá seu culto com seus iniciados, seus ministros e seus pontífices. Numa palavra: o edifício de sua religião se elevará no próprio seio da cristandade. Nem heresia, nem superstição, apenas inversão dogmática.[79]

Satã é também um símbolo. Para os psicólogos, os símbolos representam a verdadeira chave dinâmica da vida. Essas grandes forças, esses *núcleos de energia*, como os chama Baudouin, dormem no fundo comum da humanidade e estão à disposição de cada um de nós. É perigoso tratar com os símbolos. Não se poderia empolgar impunemente a goela do dragão, a lança do herói, nem invocar o diabo. Eles evocam no espírito uma imagem carregada de energia e que operam efeitos... Para os psicólogos, todos os mitos são verdadeiros nesse sentido. Certos mitos são verdadeiros não só mitologicamente, mas também historicamente e ontologicamente. Ao teólogo cabe fazer a distinção.[80]

---

[79] Emile Brouette. *La civilisations chretiénne du XVI siècle devant le problème satanique, Satan*, p. 352, Paris, s/d.

[80] Maryse Choisy, *L'archétype des trois S. Satan, Serpent, Scorpion. Satan*, pp. 442-443, s/d.

Investigar, portanto, a manifestação do mal na história equivale a procurar o declínio da individualidade moral e do relaxamento dos costumes sociais, como também o princípio e o fim de todo desregramento humano, consistente em despotismo, guerra, corrupção e genocídio, com vistas a demonstrar a relação livre e mediata desses fenômenos com o autor indireto de todos eles: o *Diabo*.

Até aqui, salvo talvez esta última consideração, eu expus ideias familiares a todos os cristãos e que fazem parte do ensino dogmático comum. Eis que agora alguma coisa de menos conhecida e que, entretanto, decorre logicamente e necessariamente do que precede, será abordada. Se Satã influencia as decisões individuais, ele pode, consequentemente, estender seu poder sobre as coletividades. Com efeito, quem suscita as dissensões, as guerras, os transtornos sociais, as crises, as opressões e as perseguições, senão os indivíduos? É evidente que em se fazendo inspirador deles, Satã pode mais facilmente provocar calamidades familiares ou sociais. Dostoiewsky não errou ao intitular a obra, na qual descreve uns desses satanicamente inspirados, de *Os possessos*, possessos não no sentido estrito em que os retrata o *Ritual*, mas em todo caso, invadidos por inspirações demoníacas, dominados por pensamentos e desejos de Satã, e seus instrumentos bem reais.

Fatos desse gênero são relatados nas Sagradas Escrituras. Os sabeanos e os caldeus, que arrebatam o rebanho e os camelos de Jó e degolam seus servidores, são enviados por Satã, que obteve de Deus licença para arruinar o santo homem. No Evangelho, Jesus revela a Pedro que Satã pediu permissão para peneirar os apóstolos, como se faz com o trigo. As dissensões entre os cristãos são, aos olhos de São Paulo, obra diabólica, e, após tê-las mencionado, roga ao Deus da Paz que intervenha prontamente. Por duas vezes o Apóstolo quis vir a Tessalônica, mas Satã o impediu. Da mesma forma, os missionários modernos atribuem ao diabo os obstáculos humanos que entravam seu apostolado. O apocalipse está cheio de visões que nos trazem aos olhos catástrofes gerais desencadeadas por Satã e os espíritos infernais, dos quais ele é o chefe. É uma *sinagoga de Satã* que blasfema contra Deus e os cristãos dessa cidade, e é Satã em pessoa que os envia à prisão. A "Besta que vem do Abismo", isto é, do inferno, guerreia contra os profetas de Deus e os leva à morte. "A besta que vem do mar" simboliza um poder terrestre situado no "Ocidente Mediterrâneo: o Império romano perseguidor. Ela é o instrumento do Grande Dragão, a serpente antiga, aquela que é chamada Diabo e Satã, o sedutor de toda a terra, que comunica à Besta seu poder. Outros flagelos são desencadeados pelas mesmas influências satânicas: quatro anjos malévolos são libertados de suas cadeias; em seguida, uma cavalaria infernal devasta a Terra e um terço dos homens perece. Atrás da figura visível dos indivíduos, cuja perversidade perturba e aflige grupos humanos inteiros, projetam-se, nas perspectivas escriturárias, silhuetas mais misteriosas e mais sinistras: as de Satã e de seus esbirros infernais".[81]

Deixei registrado anteriormente que o homem não é tão bom nem tão mal a ponto de que lhe sejam imputadas exclusivamente ações heroicas ou abjetas. De fato, quanto às primeiras, Jesus é taxativo: "Sem mim nada podereis fazer. Eu sou a videira, e vós os ramos. Aquele que permanece em mim, e eu nele, este dará bons frutos". Essa parábola dá o golpe mortal no *pelagianismo*: era o dogma fundamental dessa heresia que a graça não era necessária para a prática do bem; constituía apenas um meio para facilitá-la. Não, diz Jesus Cristo, sem mim, isto é, sem minha graça, vós não podeis fazer absolutamente nada. Jesus mostra, com suas palavras, quanto é necessária uma intimidade permanente com o Redentor. Ele se intitula a verdadeira cepa, fonte única de toda seiva, de toda fecundidade. A união dos homens com ele deve, pois, ser tão real, tão habitual, como a dos sarmentos com

---

[81] Joseph de Tonquédec, *Quelques aspects de l'action de Satan en ce monde, Satan*, op.cit., pp. 497-498.

a videira que os produz e tira para eles da terra todos os sucos nutrientes.

Cumpre agora indagar se o espírito do mal participa sempre e universalmente do pecado do homem. Ou seja, se todas as faltas são cometidas por sua instigação. Se interrogamos a teologia católica, através de certas passagens do *Novo Testamento* ou dos Padres da Igreja, tem-se a impressão de que o Príncipe deste Mundo exerce uma superintendência geral sobre todo mal praticado ou tentado. Que se leia, por exemplo, São João: "Aquele que faz o mal é o diabo" (1ª, III, 8) Conforme São João (Evangelho e Epístolas), e consoante também São Paulo, o império de Satã, que Jesus veio destruir, é o do mal, de todo mal moral que devasta a humanidade. Santo Agostinho chama "Cidade do Diabo" a cidade do pecado que se opõe à Cidade de Deus e que nasceu do desprezo de Deus, a indicar aos futuros cristãos o poder maléfico que terão que enfrentar no crepúsculo das eras: "O diabo será libertado no fim dos tempos, a fim de que a Cidade de Deus reconheça, para glória de seu Redentor e de seu Libertador, qual adversário ela terá que suplantar. Quem somos nós em comparação com os cristãos que existirão então, posto que eles enfrentarão um inimigo solto, que nós sofremos tanto para combater, ainda que preso.[82] E Satã solto significa que o poder do mal conflagra a natureza e as nações, extravia os homens e derroga os valores. Por isso que os ascetas e os místicos representam o demônio como o autor das tentações em geral e como instigador de todo pecado.

A ignorância e a vaidade fazem dizer aos ditadores: "Aqui mando eu". Ledo engano, eles só obedecem ao mestre comum, o diabo, a quem cumpre verdadeiramente mandar. E o diabo só manda porque o homem lhe dá autoridade, e não o contrário, donde se segue que há no homem moderno uma inclinação para o mau uso de sua liberdade, e para o abuso do pensamento: soberba nos seus objetivos, fútil nas suas escolhas e cético em tudo; reunindo

---

[82] *La cité de Dieu, op. cit.*, XX, VIII, p. 98.

em si tudo o que inspira contra a religião, o furor da sensualidade, e contra si própria o excesso da vaidade, a criatura humana crê que se eleva em seu desvario, enquanto este desvario é satanicamente orquestrado para rebaixá-la.

A época em que vivemos difere da precedente no sentido de que esta se apegou ao conhecimento puro, ao passo que aquela quer comprová-lo experimentalmente. É o homem o tema da evolução espiritual presente. Trata-se, portanto, de compreender o homem em si, independentemente da ordem sobrenatural. Até aí, o homem era compreendido apenas como um ser consciente e cognoscente, como *res cogitans*. Hoje, o homem penetra as últimas camadas do instinto, da potência apetitiva até as raízes da própria existência humana, até as duas forças fundamentais da conservação do indivíduo e da espécie. Ambas, aliás, foram seriamente deturpadas em razão do pecado original. Se o homem, por uma experiência profundamente vivida, escruta os últimos abismos da corrupção original, então ele se põe em contato imediato com o satânico, ao qual ele sucumbe forçosamente, se não o vence logo. Isso, precisamente, é característico dos acontecimentos que se desenrolaram ou ainda se desenrolam em nossos dias. Da mesma forma que a verdadeira mística consiste na resistência e na vitória contra o mundo subterrâneo dos demônios, a fim de escapar dele, há uma mística satânica que penetra, ela também, nesse mundo subterrâneo, não para vencê-lo, mas para legitimá-lo, para deificá-lo, e se prestar como *medium* à sua disposição. Como prova do que acabo de dizer, eu cito três fatos: a literatura moderna, a arte e o comunismo.

"Em literatura, especialmente nos romances, são sobretudo os escritores europeus quem nos fazem enxergar uma nova realidade interna, até então ignorada ou reprimida, a saber, o *demonismo*. Na filosofia já despontara Nietzsche cuja pena havia desvelado as profundezas satânicas. São, entretanto, os literatos, esses mestres da psicologia vivida, quem por um pressentimento extremamente fino, antecipam o que, inconscientemente, impõe-se como realidade imediata ao mundo contemporâneo.

Há, hoje em dia, uma literatura de ódio ao humano. Não é à toa que ela prospera e abunda em mais densa vegetação, precisamente nos centros onde a civilização material contemporânea atinge o auge: a maior riqueza, o mais alto nível de vida, a mais poderosa e homogênea convenção dominante no comportamento vital. É certo que a literatura de ódio foi, como tudo mais, inventada na Europa: Jouhandeau, Lautréamont, James Joyce, Aldous Huxley nos primeiros livros, Céline e Sartre foram os pioneiros. Mas aquela nação do Extremo Ocidente, que costumava produzir uma mercadoria constituída por romanescos enchidos de cor-de-rosa pálido, que o vento em breve levava da memória, produziu também fenômenos como Mailer, Jones e Henry Miller. Ao lado das produções destes, até as crassas distorções faulknerianas da realidade, Hemingway e Thomas Wolfe parecem inevitáveis sombras inerentes à reprodução da vida pela arte.

A literatura de ódio realiza o criminoso envilecimento e profanação do homem: apresenta-o como se fosse apenas constituído por barriga, sexo e estupidez, como se, inteiramente reles, unicamente obedecesse a motivos sórdidos; como se, cativo de impulsos vegetativos, fosse somente um monturo de lixo. A boa vontade, quando se admita que existe, afoga-se em deplorável fraqueza. A psicanálise e a psicologia profunda fornecem as ferramentas para forçar os segredos da intimidade humana e para lá encontrar o quê? Impureza, podridão, corrupção e inextricável desvario. O homem é mau ou desprezível e vive num mundo fechado onde não há Deus nem Bem. Uma linguagem cujos efeitos estilísticos se vão buscar a escatologia, a obscenidade e as imprecações blasfematórias é o instrumento adequado a esse tipo de arte. Tais exercícios nada têm a ver com naturalismo, neoverismo, aproximação do vital, apaixonada ânsia de sinceridade, pretextos que estamos fartos de ouvir proclamar – é sobremodo evidente que não se descreve aí a realidade, mas apenas uma parte dela, a mais repelente, cuidadosamente apresentada, após prévio preparo, e desonestamente apregoada como total pelos seus propugnadores literários. O intuito desse falso naturalismo não é dizer sem peias "o que é", mas rebaixar o homem a mais vil condição para depois o condenar impiedosamente. O que já nas artes plásticas se podia observar torna-se aqui evidente: o homem odeia em si a similitude com Deus; o ódio do homem ao homem tem o mesmo motivo que o de Satã.[83] "Por seus órgãos tácteis espirituais, infinitamente sensíveis, esses romancistas tocam as extremidades onde se opera a infiltração do Satânico. Eles farejam o sopro do demoníaco para depois exprimi-lo em língua humana, modulada especialmente para atrair a curiosidade do público. Posso mencionar, a título de exemplo, os romances de George Bernanos: *Sob o sol de Satã* e *O diário de um pároco de aldeia*; a obra de Victor Hugo, *O fim de Satã*, na qual a Bastilha é destruída e Satã libertado e perdoado, tema que foi desenvolvido com maestria por Balzac em *Melmoth réconcilié*, em que o autor, pior do que se tivesse negado a existência de Satã, banaliza-o, ridiculariza-o, a ponto de tornar derrisório o poder de um Satã esgotado e combalido, digno, portanto, de piedade e perdão.

A retórica perversa desses romancistas que pintam a luz com sombras e fazem da consciência humana um vácuo do divino, foi conhecida e utilizada, sobretudo, pelos escritores russos. Gogol e Dostoiewski puseram, em toda sua plenitude, o problema russo, esse problema que nos preocupa ainda de outra maneira. Qual é o lugar da Rússia entre as nações? Qual missão lhe confiou a Providência? Mal desembaraçada de seu passado, hesitante quanto aos ramos do futuro, a Rússia do século XIX quer se encontrar pela voz de seus grandes escritores. Gogol e Dostoiewski sonharam com uma Rússia plenamente consciente de sua missão cristã, que saberia extrair de seu passado as linhas

---

[83] Anton Böhm, *op. cit.*, pp. 49-51.

mestras de seu futuro, que alcançaria o heroísmo e a harmonia. Esse quadro da mãe pátria; um e outro quiseram pintá-lo. Mas ambos fracassaram: Gogol jamais terminou *As almas mortas*, tampouco Dostoiewski concluiu *Os irmãos Karamazov*. Esse duplo insucesso não se deveu ao fascínio que um e outro nutriam pelo demônio russo?

Gogol, por exemplo, sonhava com cenas heroicas e tocantes, mas escreveu *O inspetor geral*. É bem conhecida essa comédia amarga, em que são desnudados os vícios da burocracia czarista. Um bando de ladrões, escroques e concussionários numa longínqua cidade provinciana, ficou em polvorosa ante a visita de um inspetor. Mas esse inspetor Khlestakov não é mais que um velhaco gracejador e a farsa termina com a chegada do verdadeiro representante do imperador. Não seria um comprometimento da intenção do autor ver nessa comédia um símbolo, não somente do que era a Rússia na realidade, mas também do próprio autor e da condição humana.

Khlestakov desempenha aqui o papel de revelador. Essa sociedade não conheceria sua podridão se não aparecesse no meio dela um Khlestakov, ou seja, um impostor que faz pipocar à sua volta todas as imposturas. Ora, quem é o próprio Satã, senão o Impostor por excelência, aquele que quis ocupar o lugar do mesmo Deus? Milton lhe conferiu grandeza. Talvez fosse por uma manifestação do orgulho britânico, que vê no combate celeste o símbolo da luta pela liberdade. Bem diferente é a alma russa. O diabo russo é baixo e insípido, privado de toda grandeza. Khlestakov é o diabo, em torno do qual todos os vícios por ele revelados dançam e rastejam; é, no fundo, um ser medíocre, falador e falso. Não é a sentimentos sublimes, ainda que deturpados, que ele apela, mas ao que ele encontra em nós de mais medíocre e de mais covarde.

Mas Gogol e Khlestakov não foram feitos do mesmo barro? Seria preciso conhecer mal a sua vida para afirmar o contrário. Khlestakov o obsessiona, no sentido mais forte do termo, ou seja, habita nele, de modo que Gogol não chegará jamais, até a sua estranha morte, a se libertar de seu personagem.

Almas mortas deveria ser um quadro fiel da Rússia, do qual a primeira parte mostraria o lado sombrio, enquanto que os dois outros nos fariam pouco a pouco subir até a luz. Infelizmente, somente as duas primeiras partes foram escritas e Gogol encontrou meios de inserir nelas um personagem ainda mais diabólico que Khlestakov, o imortal Tchichikov. Um medíocre, ele também, que se dedica exitosamente a explorar a mediocridade dos outros.

Sabe-se qual é o estranho tema de *Almas mortas*. Trata-se de uma fraude gigantesca e pueril. Tchichikov pretende comprar dos proprietários de servos, que figuram ainda no registro civil como vivos, mas que realmente estão mortos. Ele declara que os transportou para lugares ermos, onde o governo estimula a cultura. Lá, os infelizes morrem oficialmente e o falsário exige a indenização.

É impossível, com efeito, quando se trata de Gogol, não introduzir alguma coisa de sua biografia na exegese de suas obras. Ele representa um caso único no Gênero, de um escritor naturalmente atraído por nobres e belas imagens, mas que é condenado a se entregar à pintura da ignomínia. Por outro lado, uma coisa está ausente da obra de Gogol: a ideia mesma de redenção. Os enviados celestes não trazem a redenção nem falam em nome do Redentor. Eles são, antes, os delegados de um mundo superior e luminoso, que rompem um instante as trevas para, em seguida, deixá-las recair de novo.

O lugar do demônio na obra de Dostoiewski é tão central, tão essencial que, para não dar a esta palestra dimensões exageradas, eu me limitarei ao exame rápido de duas obras do escritor russo: *Crime e castigo* e *Os possessos*.

Antes, porém, de examiná-las, convém esclarecer que os relatos de Dostoiewski são de tal modo realistas que Du Bos admite uma cooperação direta de Satã. Com razão, observa Karl Pflegerf que "as figuras demoníacas que Dostoiewski põe em cena em seus romances não são somente o produto de sua imaginação; elas são desenhadas a partir do drama interior do autor: os Raskolnikov, Swidrigailov, Kirlov, Werchowenski, Ivan Dimitrii, Smerdjakov e o pai dos irmãos Karamazov. Jamais até aqui uma pena pintou de uma maneira tão realista o demonismo no infra-humano e no supra-humano como o fez Dostoiewski. Esses demônios com figura humana parecem algumas vezes poderosos e importantes. Mas eles o são apenas para destruir. O que quer que eles façam, suas obras não levam senão à destruição, porque elas provêm de homens que já estão destruídos até o fundo de suas almas.

É o caso de Raskolnikov. Em *Crime e castigo*, esse estudante decide matar uma velha usurária, menos para sair da miséria, pois ele possui meios, do que para mostrar a si mesmo que é capaz de viver segundo sua própria lei. Se tal fosse o caso, o mundo lhe pertenceria e sua vontade seria a medida de seu direito. Desde que o crime é consumado (crime que, de resto, não saiu como o imaginara Raskolnikov, posto que matou também a irmã da usurária, uma alma honesta e pura), o demônio se apodera do criminoso e o obseda na pessoa do proprietário Svidrigailov. Este mora num quarto contíguo ao de Sônia, de modo que pôde ouvir através da divisória a confissão do crime à sua vizinha, por quem Raskolnikov nutre uma grande admiração. Assim, Svidrigailov é o demônio, Sônia é o anjo. Um e outra se instalam na alma de Raskolnikov, quem doravante não tem mais segredo para ambos.

Dessarte, todo o drama de *Crime e castigo* se desenrola entre dois mundos: o do alto e o do subterrâneo. Da mesma forma que Raskolnikov matou duas mulheres: uma má e outra boa; que Svidrigailov é um demônio e Sônia é um anjo, assim também Raskolnikov é dividido entre o bem e o mal. Sônia não pode senão orar, mas se Raskolnikov não se curva livremente, se não se humilha até a confissão, confissão pública de seu crime, a prece do anjo terá sido em vão.

Mário Pimentel Albuquerque

Mas eis *Os possessos*, ou melhor, *Os demônios*, se for levada em conta a tradução exata do título russo. Duas epígrafes constam da obra, uma de Pushkin:

> Nós nos extraviamos, que vamos fazer?
>
> O demônio nos arrasta através dos campos
>
> E nos faz girar em todos os sentidos.
>
> ....
>
> Quantos são eles, para onde se lançam?
>
> Que significam seus cantos lúgubres?
>
> Enterram eles um diabrete?
>
> Ou se casam com uma bruxa?

Quanto à outra, trata-se do texto de Lucas, VIII, 32-37, que dá conta da aventura dos demônios que se precipitam sobre uma manada de porcos, levando-os ao afogamento.

As intenções do autor são aqui particularmente muito claras. É fácil dizer que os companheiros de Verchovenski são demônios. Mas quem é o homem do qual eles saíram para acometer esses "porcos"? A hesitação não é possível: é nada mais nada menos que Nicolas Vsevolodovitch Stavroguine. Entre esses demônios, ele é o arquidemônio. Ignóbil e vazio, como a aranha no centro da teia, ele anima todos os outros. Foi discípulo de Stefan Trofimovitch, cujo filho Pedro Stepanovitch comanda, em nome e por conta de Stavroguine, o temível bando de "demônios". No centro da obra há, como eu disse, o personagem fascinante de Stavroguine. Este não é um medíocre, pelo contrário, seus conhecimentos e suas maneiras ocidentais denunciam o refinamento do método de seu mestre. Não se pode dizer que ele ambicione ganhar ou construir algo; seu propósito é instaurar o nada a seu redor. É a vacuidade dessa alma que atrai como uma voragem abismal e provoca uma espécie de vertigem. Stavroguine se entedia, não ao modo de Svidrigailov, mas com um tédio metafísico. Ele busca incessantemente o limite de sua força, mas todas as experiências ou projetos que ele empreende lhe parecem vãos. Por orgulho e com seus atos, procura sempre se aviltar, pois ele é, assim o pensa, de uma essência tal que nenhuma humilhação pode atingi-lo. Algumas vezes, porém, esse presunçoso padece verdadeiras crises de possessão. Assim, por exemplo, quando ele faz um senhor muito respeitável dar voltas à sala, puxando-o pelo nariz; ou quando morde a orelha do governador da província, a pretexto de fazer-lhe uma confidência. Nesses momentos, a palidez lhe assoma à face, com tal intensidade, que os presentes têm dúvidas quanto à sua lucidez. Em Stavroguine, percebe-se o mistério do mal, que parece amado e cultivado por ele, com todo horror que invariavelmente acompanha sua manifestação no homem. Dir-se-ia que, tal como Lúcifer, Stavroguine faz do mal um valor supremo. Todas as vítimas quadram bem com seus propósitos: que se trate de uma jovem que ele deixa matar-se após desonrá-la; de Chatov, que ele leva à morte após tê-lo enganado e traído; de Maria Timofeievna, que ele desposou um dia por zombaria (ela era coxa) e a quem ele fará assassinar por Fedka; de Elisabeth Nicolalevna, sua noiva, que se arrasta a seus pés enquanto ele contempla o incêndio da cidade, Stavroguine jamais se compadece ou se interessa por suas vítimas, porque simplesmente é incapaz de amar. A mistura de grandeza e de impostura, a entrevisão do arcanjo atrás do arquidemônio, a coruja sinistra que substitui o falcão no sol, tudo isso caracteriza muito bem Stavroguine, personagem único, que cumpriria colocar no centro do meu tema como uma sorte de modelo, indiferente no domínio da grandeza, insuperável no da ignomínia".[84]

Terminada a palestra, observei que se fazia certo tumulto em torno do Militar. Parecia que a pequena multidão queria persuadi-lo a fazer alguma coisa que não era exatamente abandonar o prédio. A Filósofa puxava-o pelo braço insistentemente, como se quisesse obrigá-lo a fazer algo que o horrorizava. Todos se uniram à irrequieta jovem

---

[84] Jacques Madaule, *Le diable chez Gogol et chez Dostoïevski, Satã, op. cit.*, pp. 556-572.

Mário Pimentel Albuquerque

para dissuadi-lo de deixá-los e, aos trancos e barrancos, dirigiram-se todos para o refeitório. Acompanhei-os mais por curiosidade. Chegamos, enfim, a uma sala grande, silenciosa, com bancos imensos de madeira e algumas santas imagens embutidas em nichos nas paredes. Havia uma tão densa penumbra no ambiente que quase não nos deixava ver um velho piano empoeirado cujo aspecto denunciava um largo abandono. O Militar resistia ainda, quando o Monge, incomodado com o ruído, surgiu de repente à porta. Olhou fixamente para nós e logo compreendeu do que se tratava. A Filósofa, então, justificou a atitude da turma:

— Mestre, temos aqui um *virtuose* que se recusa a tocar para nós.

O Militar persistia na recusa. Alegava cansaço e sono. Havia trabalhado muito durante o dia e precisava de repouso. Que o perdoassem; noutro dia os atenderia com satisfação.

— Agora ou nunca — retrucou a Filósofa, cruzando os braços.

— Uma só canção e te deixamos ir embora — disseram os demais.

Até aquele momento, o Monge permanecera impassível, para que o Militar não pensasse que sua permissão fosse entendida como uma ordem emanada de sua autoridade de mestre. Todos, então, o rodearam e suplicaram a sua intercessão, insistindo que sua súplica se unisse à deles. O Monge olhou para o Militar e se dirigiu para o piano. Foi o bastante para que o constrangido pianista começasse a tocar sem dizer uma palavra.

Todos fizeram silêncio e o mestre se sentou para ouvir: primeiro, a *Ave Maria*, de Schubert; depois, o *Noturno*, de Chopin. Quando terminou, todos aplaudiram não só a beleza e a sublimidade daquelas obras – uma exaltação solene das formas sonoras –, mas também a excelência da sua execução. Contudo um de nós estava ausente, não

AS PALESTRAS DO MONGE

fisicamente, mas simplesmente alheio ao entusiasmo geral; totalmente impermeável à harmonia celestial daquelas obras-primas: o Militante. O Monge, por sua vez, estava exultante. Com um gesto cordial, cumprimentou o pianista e disse a todos que aquela *performance* do Militar seria uma espécie de intróito de sua próxima palestra.

AS FORMAS E A LIBERDADE NA ARTE

Depois do improvisado recital da noite anterior, quando uma espécie de excitação pagã profanou por um momento o interior da mansão de Deus, nenhum indício, nenhuma mostra do nosso festim noturno sobreviveu à silenciosa noite do claustro. Tudo parecia desmentir o recente entusiasmo que, de certa maneira e contra qualquer previsão, contagiou até mesmo um austero filho de São Bento. Nesse clima de serenidade e humilde contentamento, todos entraram na sala e a palestra teve início com uma breve referência à fantástica exibição do Militar:

— O que houve de mais belo e sublime na apresentação de ontem, além da magistral execução do seu colega? – perguntou o Monge. Em seguida, continuou:

— Inquestionavelmente, a beleza e a sublimidade residem numa esquisita combinação de formas que só ao talento é dado conceber. O real está feito de ideias e matéria informadas; no mundo do espírito tudo é forma; forma que está na intenção, no movimento e na finalidade. Tudo tem um rosto e tem um nome; tudo vive para manter ou para buscar sua própria forma. "O homem moderno, ensina Denis de Rougemont, tem que fazer um grande esforço para antropoformizar-se, isto é, para espiritualizar-se, se quer chegar a ser humano no sentido pleno da palavra".[85] A arte moderna e contemporânea traiu essa tendência, que é natural e é ontológica.

Ora, a arte moderna – num de seus aspectos que não é, aliás, comum a todas as suas orientações – não gosta do homem. Primeiro, tratou-o como qualquer objeto da

---

[85] *Op. cit.*, p. 20.

natureza: inanimado, sem essência, superfície com apenas determinada configuração; depois, diluiu essa forma, como todas as formas, em fenômenos luminosos e impressões cromáticas e, por fim, como o fez o talentoso Picasso, transformou o homem em figura geométrica, cortou-o aos pedaços, decompô-lo e recompô-lo fragmentariamente, não para lhe restituir a forma humana, mas para fazer dele um monstro. Há outra forma de arte que o desfigurou e o distorceu, denunciando-o como um feixe de vulgaridade e miséria; é o caso do terrível Jorge Grosz ou dos caricaturistas à Steinberg, cuja popularidade de ilustradores é significativa; o que se toma por humor é impiedoso escárnio do homem que aí se apresenta vazio, grotesco, ridículo e estúpido, ou requintadamente maldoso, feio, miserável e nada mais. Ao mesmo tempo, o chamado surrealismo volta do avesso o inconsciente do homem: caos de emaranhadas imagens e hediondas monstruosidades, um antro de tortura, ou seja, o inferno em potência. Na arte moderna, porém, manifesta-se, sobretudo, um tropismo que a afasta do homem e a inclina para o anorgânico, para as naturezas mortas dos objetos inanimados, para os escombros e ruínas e, por fim, para a figura abstrata que nada representa a não ser relações numéricas ou figuras geométricas, valendo por si própria como obra do homem, a partir do nada, independente da Criação: um mundo que se pretende exclusivamente devido ao homem (o que é também uma forma de "hybris").

Acontece assim o inaudito fenômeno do desaparecimento da representação humana na arte, inclusivamente nas artes plásticas. A própria arquitetura perde em muitas das suas concepções a referência ao homem, o padrão humano, para se tornar "abstrata", para "abstrair" o homem, o que equivale a deixar de ser habitação. Como se poderá interpretar tudo isso se não como autoafastamento, por ódio e repulsa! O homem foge da sua impureza, preferindo afundar-se no anorgânico, que é puro. Ou, então, encarniça-se contra si próprio na arte, contra a "beleza e forma" do seu corpo, isto é, contra a sua similitude divina. Não quer aperceber-se dela, não gosta de si – assim coincidindo com a vontade de Satã.[86]

Após uma pequena pausa, feita talvez para provocar alguma indagação, o mestre mal abriu a boca para retomar a palavra, quando se ouviu uma voz no fundo da sala já bem conhecida de todos:

— Professor, eu acho que a qualificação positiva do juízo estético reside, sobretudo, na liberdade do artista. Aprisioná-la através da imposição de formas rígidas é, a meu juízo, um desserviço que se presta à arte. A dissonância na música e o monstruoso nas artes plásticas nem sempre são esteticamente reprováveis. Tudo depende do gosto artístico, que é sempre subjetivo. Com a canonização das regras da arte, o homem estava perdendo o segredo da liberdade artística. A adoção do culto das formas é o sintoma de decadência na arte e do envilecimento do artista. A reprodução da forma humana, por exemplo, é demasiado óbvia, eu diria até, impessoal. O clássico é o triunfo do supérfluo, é a dissipação inútil do talento. Posso dar um exemplo concreto do que eu estou dizendo. Faço parte de uma companhia de teatro e dança cuja coreografia é toda ela inspirada nesses conceitos libertários, que acabei de mencionar. Precisamos apenas de um pequeno espaço para expor nossa arte e nossa mensagem de liberdade e, assim, invertido o ônus da prova, que se me demonstre então que eu estou errado. Dito isso, o Militante sentou-se e nada mais disse.

— O que vocês acharam do pronunciamento que acabaram de ouvir? – perguntou o Monge à turma. A uma ampla maioria contrária à exposição do Militante, sucedeu uma voz isolada que a apoiava, chamando-a de *colossal*.

— Não creio – disse a Filósofa –, que seja possível subtrair sequer um *til* das palavras do colega que nos precedeu. Conheço por experiência e solidariedade com

---

[86] Anton Böhm, *op. cit.*, pp. 47-49.

esses desafortunados profissionais da arte o quão difícil é perseverar nela e se tornar um renomado artista. Apoio, portanto, a posição do Militante, e não vejo razões para afastar-me dela nem para indeferir seu pleito quanto à exibição de sua companhia teatral. E não me iludo que seja melhor ser amado que temido ou odiado, se o preço a pagar por isso é ser menos veraz ou dissimulado.

— Peço licença para externar minha opinião — disse obsequiosamente e sem sombra de malícia o Militar.

— Tenho que reconhecer que em nestes nossos tempos, infestados pela gangrena da civilização igualitária e pela subversão dos valores, em que se chama de justiça a impunidade e de belo o monstruoso, não me surpreende o mérito do arrasoado do colega nem os meios de prova que deseja produzir. O que mais me espanta e indigna é a subserviência com que os intelectuais aderem as extravagância delirantes desses aventureiros e sofistas, que só desejam destruir e nada edificar.

Os intelectuais inventaram as ideologias, sistemas de interpretação do mundo social que implicam uma ordem de valores e sugerem reformas a serem feitas, reviravoltas a se temer ou a serem esperadas. Pessoas que condenaram a Igreja Católica em nome da razão aceitam um dogma secular por estarem decepcionadas com a ciência parcial ou por ambicionarem o poder, dado apenas aos sacerdotes da Verdade. Contentes de serem ateus, avessos à vida religiosa, intelectuais da esquerda quiseram divulgar a falta de fé como os missionários divulgam a fé, convencidos de que libertavam os homens ao matar deuses e ao derrubar altares. Quando observamos as atitudes dos intelectuais em política, a primeira impressão é a de que elas se parecem com as do não intelectuais. A mesma miscelânea de informações incompletas, preconceitos tradicionais e preferências mais estéticas do que racionais, manifesta-se tanto nas opiniões de professores ou escritores quanto nas de comerciantes e industriais. A crítica ideológica, emanada dos intelectuais, é moralista contra uma metade do mundo, mesmo que se disponha a conceder ao movimento revolucionário uma indulgência bem realista. Nunca a demonstração da culpa é satisfatória quando o tribunal se encontra nos Estados Unidos. Nunca a repressão é excessiva quando atinge os contrarrevolucionários. É um percurso em conformidade com a lógica das paixões. Muitos intelectuais se aproximaram do partido revolucionário por indignação moral e aderiram por fim ao terrorismo e à razão de Estado.[87]

— Não é o meu caso — replicou a Filósofa. — Eu apenas prestei adesão a um ponto de vista estético.

— Como eu disse há pouco — continuou o Militar —, os intelectuais são atraídos inicialmente pelas novidades morais ou estéticas e acabam como cúmplices de atentados e genocídios. Como acertadamente observou Thomas Sowell, raramente tivemos o caso de um ditador sanguinário que não dispusesse de um grupo de intelectuais militantes, e não estou falando apenas de compatriotas, mas também de admiradores estrangeiros, muitos dos quais viviam em verdadeiras democracias, nas quais as pessoas são livres e podem opinar abertamente. Lênin, Stalin, Mao e Hitler, todos tiveram, nas democracias do Ocidente, seus admiradores, defensores e apologistas, espalhados pela *intelligentsia*, apesar de tais ditadores terem, cada um deles, assassinado seus próprios compatriotas em escala maciça e sem precedentes, adotando práticas de violência até então desconhecidas mesmo para os regimes despóticos anteriores aos seus.[88] Cuba é o exemplo mais próximo e mais emblemático dessa estranha combinação entre miséria e crime.

Nesse instante, interrompeu-o o Militante:

— O intelectual não é mau ou interesseiro como você o pinta. Ao menos no Brasil, ele é um abnegado defensor dos oprimidos e marginalizados. Quanto a Cuba, todo mundo

---

[87] Raymond Aron, *O ópio dos intelectuais*, São Paulo, pp. 223-288, 2016.
[88] Thomas Sowell, *Os intelectuais e a sociedade*, São Paulo, p. 16, 2011.

Mário Pimentel Albuquerque

sabe que essa pequena ilha teria uma grande economia, não fosse o bloqueio que lhe impõem os Estados Unidos.

— Pois sim — rebateu o Militar —, o intelectual reúne ao fingido amor à indigência um sincero ódio a quem diverge dele e a quem lhe é superior. Afeta ter compaixão pelos oprimidos e muita animosidade contra os opressores. De sorte que, prevalecendo nele a paixão sobre a virtude, odeia insensivelmente mais as pessoas que os crimes. Prossegue, por espírito de facção, o que tinha começado muitas vezes por um sentimento de virtude. Sobre o bloqueio de Cuba pelos norte-americanos, essa é mais uma patranha inventada pela *intelligentsia*. A fraude que visa a desculpar Castro consiste em lançar mão da confusão que existe entre as palavras *bloqueio* e *embargo*. "Trata-se de fazer crer que Cuba, que apresentava em 1959 o terceiro melhor nível de vida da América Latina, logo depois do Uruguai e o Chile, com a maior taxa de alfabetização e de médicos por mil habitantes, foi arruinada não pelo socialismo, mas pelo 'bloqueio' norte-americano. É óbvio que Cuba nunca foi alvo de nenhum bloqueio. O país sofre, na verdade, um *embargo*, que diz respeito apenas às suas relações comerciais com os Estados Unidos. Os Estados Unidos decidiram não vender nem comprar nada de Cuba. Eles nunca cercaram a ilha para impedi-la de qualquer relação possível com o exterior. Um país é livre para escolher seus clientes e fornecedores, tanto quanto o é um indivíduo. Até 1991, Cuba foi fartamente sustentada pela União Soviética, que lhe comprava açúcar acima do preço de mercado e lhe vendia petróleo abaixo do preço internacional; mas não foi só isso; a ilha sempre teve liberdade para manter o comércio com a América Latina, o Canadá e a Europa, principalmente a Espanha. Esses países fornecedores sempre manifestaram, em relação aos atrasos de pagamento, ou ao pagamento em si, ou à sua ausência, uma 'compreensão' que beirava a ajuda econômica. Há numerosos investidores estrangeiros em Cuba. Ao inaugurar a XVI Feira Internacional em Havana, no ano de 1998, Fidel Castro mencionou orgulhoso a presença de mais de 1.400 empresas estrangeiras, sinal, segundo ele, do fracasso do 'bloqueio norte-americano'. Além disso, Cuba recebe do exterior uma ajuda propriamente dita – vários bilhões de dólares anuais – sob a forma de doações da ONU e de diversas organizações não governamentais, às quais se acrescenta o dinheiro (aproximadamente um bilhão de dólares por ano) enviado pelos exilados a seus familiares que permaneceram na ilha, contribuindo assim para que o nível de vida não caia ainda mais. O total desses aportes, considerando-se a população de pouco mais de dez milhões de habitantes, faz de Cuba um dos países mais ajudados do mundo. Se, apesar disso, a economia se arrasta há quarenta anos em um marasmo incurável, isso se deve à inviabilidade do sistema e não a um 'bloqueio' transformado em vilão quando nem sequer existe".[89]

Como o debate já tomava um rumo estranho ao tema da palestra, o Monge interveio:

— Alguém mais deseja se pronunciar sobre a questão levantada pelo colega?

No local mais ermo da sala, o Incógnito, sempre reservado, levantou a mão e disse:

— Não conheço os intermináveis meandros da discussão política nem sou um entusiasta da arte. Na verdade, careço de princípios que ordenem meu raciocínio e, de algum modo, despertem minha atenção. Sei bem o que digo, mas nem sempre sei o que vou dizer. Se penso em fazer algo, o menor objeto que me passa diante dos olhos faz-me sair do meu caminho para persegui-lo. Isso é preocupante e mais reprovável quando se trata de confrontar ideias. É possível que, depois de ter desprezado algumas ideias que me eram tão caras, com aprovação do meu coração, eu pudesse escolher outras numa circunstância idêntica, em detrimento da minha constância? Quero dizer que não me sinto ainda capaz de optar por esta ou

---

[89] Jean François Revel, *A grande parada*, Rio de Janeiro, pp. 135-136, 2001.

aquela alternativa, porque, permita-me a franqueza, cada um diz a sua opinião, mas ninguém ataca com ardor o conceito do outro; discute-se para esclarecimento, pára-se na disputa. Por essa razão eu me inclino pelo acatamento da pretensão do Militante; que se realize o contraditório, com a exibição teatral requerida.

Era a razão que faltava ao Monge para justificar o acolhimento do pedido do Militante, mesmo que o repugnasse a ideia de uma representação pagã naquele asilo da cristandade. Afinal, teria ele de abdicar a sua imparcial autoridade, quando mais lhe convinha exercê-la? Foi designada para o dia seguinte a apresentação da companhia teatral, ficando sub-rogada por ela a palestra subsequente.

UM RECITAL INFERNAL

Quando o sol já começava a declinar por trás do campanário da velha Igreja, todos já estavam reunidos à porta do convento, que era, nesse dia, o ponto de encontro do nosso grupo. O Seminarista nos conduziu ao auditório, um vasto anfiteatro cercado de grossas paredes de pedra com cavidades envidraçadas, por onde o ar entrava e tornava suportável certo odor mofoso. Frente à banca de madeira escura, estavam dispostas, simetricamente, quatro alas de cadeiras forradas de cetim azul, separadas por longos corredores que davam num muro alto, inteiramente ornado de trepadeiras.

Começaram a chegar os protagonistas da exibição, capitaneados pelo Militante, que os apresentava orgulhosamente aos demais colegas.

— Vocês verão — disse ele — uma coisa nunca vista. Abram bem os olhos e apurem os ouvidos, se não quiserem perder nada desse espetáculo único.

Os artistas se dirigiram para o vestiário, as luzes se apagaram e o Monge chegou.

Sobre um tablado improvisado à frente da banca, que de repente foi inundado por uma intensa luz violeta, apareceram três figuras multicoloridas e enigmáticas. A primeira tinha o rosto azulado, uma densa cabeleira vermelha e as orelhas salientes. A segunda tinha a cara preta, de onde se projetavam dois olhos esbugalhados, tranças enormes e um manto marrom. A terceira não tinha rosto, apenas uma protuberância, que começava na parte superior da cabeça e terminava na ponta do queixo; era calva e sobre os ombros pendia um sobretudo feito de estopa. As três tinham em comum uma característica que as tornava apavorantes: não se viam os braços nem os pés, porque as figuras estavam envoltas em grandes túnicas que chegavam até o chão. E nem sequer se podia distinguir o sexo dos espectros tal era a caracterização extravagante que o dissimulava.

Aos primeiros sons de uma música composta por acordes dissonantes e estridentes, as três figuras começaram a rodopiar, girando ora para a direita ora para a esquerda, a perseguir-se, confrontar-se, separar-se, reagrupar-se, com intermináveis contorções e convulsivos espasmos. Ao estrondoso impacto seco de um instrumento irreconhecível, mas diabólico, os três espectros caíram ao mesmo tempo, moribundos; e ali ficaram imóveis, extenuados, até que as luzes se apagassem.

— E agora – disse o Militante – vocês verão o último ato de *Lúcifer*, de Vondel. Vocês todos sabem que nessa famosa tragédia do maior poeta holandês, todos os personagens são anjos, e por isso é justo que a representação se realize nas alturas, sobre a Terra.

Efetivamente, nesse instante apareceram alguns jovens com aspecto de anjo, com grandes asas nas costas e rostos resplandecentes, que, movendo-se sobre aqueles fios de aço, suspensos no vazio a grande altura, começaram a declamar os emocionados e eloquentes versos de Vondel. Imediatamente reconheci Lúcifer, mais alto que seus companheiros e com imensas asas de veludo negro, que escutava impertérrito, erguido no céu, os reproches e escárnios de Rafael e de Miguel. Os anjos rebeldes, facilmente reconhecíveis por suas máscaras medonhas, moviam-se furiosamente de um lado para outro, sobre os cabos do fundo, como condenados que estivessem a ponto de precipitar-se em um abismo.

Terminou o ato e se apagaram as luzes. Houve uma longa pausa de silêncio e escuridão. Depois uma grande luz vermelha, como de um incêndio, projetou-se sobre o tablado, e se viu de improviso a mais extravagante orquestra que a fantasia humana é capaz de imaginar.

Uma pequena multidão de farrapos humanos, de desventurados fantasmas da decadência e da miséria obstruía o extenso tablado. Ali havia, pelo que se podia distinguir, velhos corcundas vestidos de andrajos, coxos e derreados, cobertos com negros capotes; obesas anciãs com o desesperado semblante das epiléticas e das histéricas; bruxas com cabelos desgrenhados e olhos ferozes; anões disformes com caretas horrendas; velhos cegos que elevavam ao céu suas mortas pupilas. Cada uma dessas criaturas tinha nas mãos um instrumento musical, vetusto e semelhante aos que podem ver-se nas gravuras de Callot e nos caprichos de Goya; pançudas violas; flautas mais longas que um telescópio; imensas trompas arrancadas de alguma orquestra infernal; tambores altos e esguios como colunas truncadas; harpas africanas, cítaras sesquipedais, atabaques e *putipó* napolitano; castanholas de marfim e berimbaus.

Do nada, surgiu o Militante trajado a rigor. Ergueu, em vez da batuta oficial, um grande taco de bilhar. Ante esse sinal, todos aqueles esfarrapados e discordantes músicos começaram a tocar, cada um por si, de modo que o anfiteatro se encheu de zumbidos, clangores, apitaços, assobios, acordes estridentes, de motivos raivosos e lacerantes, que recordavam um concerto demoníaco. Eu olhava espantado todos aqueles rostos transfigurados e desesperados, uns pálidos como os dos moribundos, outros úmidos, vermelhos e arrebatados, como os dos loucos delirantes. E seguiam tocando, sacudindo-se e agitando-se; os coxos chutavam o tablado com sua perna de pau; os corcundas arqueavam as costas como enormes gatos preparados para a guerra; as mulheres pareciam agitadas por crises convulsivas.

Chegou um momento em que não se contentaram em tocar seus inarmônicos instrumentos e começaram a cantar, a gritar, a uivar, a apitar, a dar alaridos, como se quisessem elevar aquela satânica sinfonia até a desesperação de um crescendo frenético e demente.

Algumas mulheres se arrastavam; os aleijados, contrafeitos, procuravam acompanhar aquela dança macabra; o Militante, com sua improvisada batuta, marcava um ritmo imaginário, batendo nas enormes cabeças dos músicos mais próximos.[90]

Aquele ruidoso bacanal de espíritos contrafeitos parecia não ter fim. O Monge assistia a tudo com estoica impassibilidade. Eu já não aguentava mais o desconforto e o horror. Levantei-me para escapar sem ser notado. Não havia me dado conta de que muitos dos nossos já tinham feito o mesmo. Encontrei na saída um dos colaboradores do estranho evento que me perguntou se eu tinha entendido e apreciado a mensagem da exibição.

— Não foi um espetáculo grandioso e inesquecível?

Respondi que tudo que acabara de ver fora magnífico e assombroso, mas que agora necessitava de descanso.

---

[90] Giovanni Papini, *Obras*, Tomo 1, Madri, pp. 659-662, 1957.

A DECEPÇÃO DO MILITANTE

Com uma autoconfiança excessiva, que alguns dos colegas qualificavam de orgulho, o Militante já se postava diante da porta da sala quando eu cheguei. Eufórico, supunha ter impressionado a todos com o turbilhão tempestuoso de sua exibição, que chamava de "memorável". E tinha razão. Cada um que chegava o cumprimentava, disfarçando, embora o embaraço de quem, propenso a desabafar, não quer transgredir, porém, as normas de cortesia. Sentindo-se o líder e o porta-voz da turma, o Militante foi o último a entrar na sala de aula. Sentou-se, ouviu o *Pai Nosso* da boca do Monge, e sem deixar de fitá-lo um só momento, aguardou o início da palestra.

— Antes de iniciar a palestra — disse serenamente o Monge —, gostaria de saber a opinião de todos vocês sobre a apresentação da noite anterior. É o bastante dizer se gostou ou não gostou.

Era uma forma de evitar discussões acaloradas e de não melindrar o responsável pelo fato em discussão.

— Não entendi a mensagem que a exibição quis passar. Por isso, não me pronuncio — disse o Seminarista.

A Filósofa falou em seguida:

— Como intelectual que sou, devo dizer que foi um sucesso. Tanto o roteiro quanto a coreografia expressaram muito bem a correspondência entre, de um lado, a multiplicidade dos caracteres e das classes sociais em luta, e de outro, a variedade dos sons e cores com a pluralidade das ideias. Está de parabéns a companhia teatral.

O Incógnito, ao mesmo tempo em que olhava para o Militante do jeito de quem quer se desculpar, falou:

— Não é que eu não tenha gostado, mas, para ser sincero, saí mais confuso do que entrei.

O Militar não destoou da maioria:

— Foi um lixo. Quero acrescentar que não pude conter tal repugnância, que tive de ausentar-me prematuramente para não tresvariar.

E, assim, tomados os votos de todos os participantes, a posição contrária ao Militante saiu vencedora. Ele teria que se explicar; melhor, ele teria que justificar uma exibição que, mais do que não ter agradado, pareceu afrontar um não sei quê de mais sensível que o ser humano alberga no íntimo refolho de sua alma. Ia começar, portanto, a declaração de um homem que presumia muito de si; de saber as respostas para todas as perguntas e de não admitir dissidências. Antes da sua exibição, sentia-se maior que a turma, depois dela, julgou-se superior a si próprio. O mestre, enfim, deu-lhe a palavra.

— Salvo alguma rara exceção, os colegas não souberam sacudir o jugo de seus preconceitos e se limitaram a procurar o que queriam encontrar na apresentação. Cumpria não apenas deparar formas, mas, sobretudo, observar movimentos. Era no vaivém das figuras, no corpo a corpo entre elas, na produção das cores e sons, que se podia distinguir a dialética causação das ideias pelas relações econômicas. Lúcifer estava no alto simbolizando o ódio que deve animar os marginalizados e oprimidos na luta contra a burguesia. Os personagens se arrastando pelo chão significam a supressão das hierarquias e das superioridades, a demonstrar também que o meu personagem, vestido a rigor e com a batuta na mão, representava a um só tempo, o supremo poder e a fonte de toda autoridade civil, militar, moral e religiosa, a saber: o Partido Socialista.

— Na sua idealizada sociedade sem classes não há lugar para o mérito? – perguntou o Seminarista.

— Não – respondeu o Militante. – O mérito é um conceito burguês que traduz uma superioridade econômica ou intelectual. Como a riqueza e as ideias são condicionadas socialmente, de sorte que os indivíduos só as possuem se as dá a sociedade, conclui-se que seria tão insensato julgar-se superior quanto seria tolo sentir-se inferior por ser igual aos demais. Impõe-se, pois, despojar a auréola de muitas cabeças injustamente veneradas e respeitadas, a começar pelas dos personagens bíblicos; defendo, desse modo, os que foram condenados ou relegados ao segundo plano, conforme a ortodoxia oficial... Sustento, pois, no que concerne ao Antigo Testamento, a superioridade de Caim sobre Abel, de Esaú sobre Jacó e de Saul sobre Samuel. Advogo, no Evangelho, a reabilitação de Judas, a preferência de Marta à Maria e a confirmação das dúvidas de Tomé.

Pasma diante de tanta ousadia, a turma, porém, manteve-se calada. O que haveria de pensar o Monge? Como reagiria a tamanho desafio? Essa era a preocupação de todos nós.

Acostumado às turbulências das disputas intelectuais e calejada a alma na azáfama de vencê-las todas, o Monge mantinha-se inabalável e confiante em sua incomparável superioridade.

— Quero crer — disse ele — que, segundo sua exposição, as relações econômicas determinam necessariamente todas as produções sociais, inclusive e principalmente as artísticas. E como as primeiras mudam regularmente, segundo leis dialéticas inelutáveis, as últimas mudam na mesma medida e idêntica necessidade, sendo certo que resisti-las é expor-se ao estigma de reacionário e burguês. Dessarte, convém à crítica progressista encorajar toda inovação e facilitar a iniciativa de artistas que criem formas em descompasso com a tradição estética anterior, ainda que com a introdução de elementos ultrajantes e ofensivos aos valores culturais, morais e religiosos. "Se a suscetibilidade das pessoas em geral grita, pior para elas, porque demonstram com isso que não estão preparadas para avaliar o refinamento do progresso artístico nem sintonizar-se com a singela matriz de seu próprio tempo, o *Zeitgeist*.

Escudados no espírito do tempo, artistas medíocres reclamam para si próprios as homenagens devidas aos grandes inovadores, só porque ousaram imprudentemente contravir os cânones tradicionais das belas artes, para qualificar de produção artística o que é o resultado grotesco da profana manipulação de qualquer material. O problema está no conceito de *Zeitgeist*, que em Hegel está conectado com a teoria sutil dos processos temporais e a "objetivação" (*Entäusserung*) do espírito coletivo. Nas mãos de pensadores menos sutis, essa ideia do "espírito da época" acabou vulgarizada e transformada em uma arma retórica com a qual se podia justificar as inovações em todas as esferas e racionalizar um repúdio indiscriminado do passado. Essa concepção está na raiz da filosofia do progresso e apresentou um impacto na vida política e intelectual do mundo moderno bastante fora de proporção em relação a sua plausibilidade. E dá origem a uma falácia interessante, cujos efeitos podem ser constatados em todos os lugares na vida cultural e política das sociedades modernas. Chamo essa falácia de a "a falácia do espírito móvel": a falácia da assimilação de tudo o que está ocorrendo no mundo que você habita, seus próprios projetos incluídos, pelo "espírito da época". Você comete a falácia do espírito móvel toda vez que considera as ações livres dos indivíduos vivos como as consequências necessárias da época em que eles vivem... Supor que você pode observar sua própria época sob essas mesmas lentes, que você pode explorar aquilo que o *Zeitgeist* de agora demanda e até mesmo projetar essa exploração para adiante rumo a um futuro impossível de ser conhecido *a priori*, é cometer uma falácia perigosa – perigosa porque envolve a limitação da sua liberdade e a visão daquilo que é totalmente acidental sob o aspecto da necessidade.

Por outro lado, é claramente falacioso crer que esse tipo de progresso seja exibido nas esferas onde não haja uma acumulação subjacente de conhecimento sobre o qual construir. É inerentemente questionável crer, por exemplo, que haja um progresso *moral* contínuo, avançando com a mesma velocidade da ciência; é ainda mais questionável acreditar que exista um progresso artístico ou espiritual marchando junto com ele. Virtualmente, nenhum poeta desde Homero conseguiu ultrapassá-lo, e nas artes, no pensamento religioso e na especulação filosófica, é mais provável que encontremos um declínio de uma geração para outra do que um aperfeiçoamento... As mudanças ocorrem – algumas vezes do pior para o melhor, outras vezes do melhor para o pior... A era da modernidade. Esse foi o momento em que a falácia do espírito móvel começou a proliferar. Em todas as esferas se acreditava que deveríamos ser fiéis ao espírito da época, que nos agarrarmos a velhos costumes, velhos valores, velhas práticas, seja na política, seja nas relações sociais ou na expressão artística, era simplesmente "reacionário", uma falha na compreensão das leis do desenvolvimento histórico e um repúdio à "nova aurora" que estava surgindo bem diante de nossos olhos... Não é de forma alguma normal para um artista adquirir sucesso ao chocar, ultrajar ou desafiar o seu público. A originalidade não foi concebida, nas eras passadas, como uma derrubada radical de todas as convenções prévias, nem como uma abordagem completamente nova e uma transgressão das normas estéticas. Michelangelo, no interior da Biblioteca Laurenciana, em Florença, desafia a sintaxe da arquitetura clássica – mas de um modo que era interessante e inteligível para aqueles acostumados com o estilo de Brunelleschi, ao mesmo tempo em que utilizava o vocabulário clássico e as proporções em seu material bruto. O resultado foi surpreendente para seus contemporâneos, mas imediatamente popular.

Todavia se tornou um lugar comum defender qualquer nova abordagem no mundo da arte, da música e da arquitetura, por mais vazia ou ofensiva que seja, com uma referência desenxabida à "resistência" que os grandes

Mário Pimentel Albuquerque

artistas supostamente sofrem em todas as épocas. As colagens vazias de Gilbert e George, a cama desfeita de Tracey Emin, os tubarões em formol de Damien Hirst, são todos louvados como experimentos originais que merecem os mais altos elogios. Nenhum crítico ousaria sugerir que eles podem ser tão sem sentido quanto parecem, com receio de ser comparado àqueles que excluíram Manet do _Salon_ ou que debocharam da _Sagração da primavera_. Todos nós estamos familiarizados com a retórica aqui e a facilidade com que gestos ofensivos são considerados ideias originais, a fim de se adequarem às formas padronizadas do elogio estético... A partir dessa forma falaciosa de pensar muita arte trivial surgiu... Se um trabalho é difícil, ultrajante, chocante ou sacrílego, então deve ser elogiado; se ele é norteado pelas velhas regras e decências, então deve ser descartado... Uma dose de pessimismo nos lembra de que não é fácil nos depararmos com arte de alta qualidade, que não há forma para produzi-la e que a criatividade só faz sentido se junto com ela existirem regras que a delimitem... Quanto à falácia do espírito móvel, ela deve o apelo a sua vacuidade: pode ser utilizada para justificar qualquer coisa, para passar por cima de toda crítica, independentemente do quão bem formulada ela tenha sido, e saudar com aplausos vazios quaisquer atos burlescos de desafio que possam se apresentar como novidade. Ela confere aos gestos mais arbitrários uma aura especiosa de necessidade, e dessa forma neutraliza a crítica antes mesmo de ter sido emitida. E ela prejudica tanto a causa da tradição (contra a qual está sendo brandida) quanto a causa do talento individual (que alega desenvolver).[91]

De fato, nada obsta a que um indivíduo, leigo em carpintaria, possa autoproclamar-se carpinteiro; porém, mais cedo ou mais tarde, o seu trabalho denunciará a sua usurpação. Isso vale também para o artista. O museu de Belas-Artes em Rouen, por exemplo, tem dois Vallotons expostos num corredor escuro e um tanto apinhado. Um

---

[91] Roger Scruton, _As vantagens do pessimismo_, São Paulo, pp. 116-137, 2015.

deles é um esboço de teatro... Mas, na parede oposta do corredor, está um nu de tal feiúra que, se você o visse antes, anotaria o nome do artista para futuramente evitar a qualquer custo o trabalho dele. Um amigo meu suíço uma vez me perguntou tristemente: "Mas você alguma vez viu um bom nu de Valloton? O pintor parece ter posto a cabeça da esposa sobre o pescoço de Ingres, e depois ter juntado ambos a um corpo de modelo: uma articulação desconcertante. O que funciona como uma paisagem não funciona com a figura humana".[92]

Lembro-me de uma exposição de arte *queez* no Rio, financiada por um banco. O propósito ali não era atingir um público entusiasta da boa arte, mas satisfazer uma sensibilidade torpe, que se compraz com o grotesco e com o obsceno, cujo real objetivo era puramente político e ideológico: denegrir os valores cristãos. A falácia do espírito móvel impediu que críticos honestos pronunciassem um veredicto isento sobre aquela feira indecente. É verdade que alguns "curiosos" disseram que muitos artistas não são compreendidos pelo público de seu tempo, vale dizer: para se apreciar uma arte torpe, há que se estimular a torpeza no público. Essa correspondência se aplica também à exibição da noite passada. A verdadeira arte tem isso de característico: não se presta a servir outro propósito que não a arte mesma. Quando Géricault pintou *A balsa da Medusa*, ele separou a produção artística da ganga de outra natureza. O naufrágio deveu-se à culpa do comandante e de sua tripulação. Houve canibalismo, cortaram-se indevidamente as cordas de reboque e muita gente se afogou. Géricault não retratou a *Medusa* batendo no Recife, por dar azo a uma questão política. Se o fizesse, exporia a incompetência e a corrupção da Marinha Real; não pintou o momento em que as cordas de reboque foram retiradas e a balsa foi abandonada. Fazê-lo seria, assumindo um tom panfletário, tomar partido na discussão judicial em curso sobre as indenizações; não reproduziu as cenas de cani-

---

[92] Julian Barnes, *Mantendo um olho aberto*, Rio de Janeiro, pp. 166-178, 2015.

balismo. Isso seria retratar uma prática pagã, claramente ofensiva da religião cristã.

As três normas observadas por Géricault, na execução de sua obra-prima, foram francamente transgredidas na apresentação noturna da Companhia teatral do seu colega. Ela foi política, foi panfletária e foi sacrílega. Por essas razões, entendo que a aludida exibição não cumpriu os requisitos exigidos para se aferir a verdadeira arte, ou, no melhor dos casos, trata-se de uma apresentação circense, sujeita, portanto, a outros critérios de avaliação.

Sob o olhar cáustico do Militante, o Monge encerrou a palestra, prometendo para o dia seguinte a continuação do desenvolvimento do tema.

SATÃ E O SOCIALISMO

A recordação mais agradável que levarei comigo dessas palestras e desse singular recanto de recolhimento do espírito foi a conversação que tive com o Incógnito no terraço do convento antes da aula. Era moço, franzino, tinha maneiras delicadas que denunciavam alguma timidez, jamais se apressava, e seu rosto pálido revelava uma imperturbável serenidade. Conversamos amistosamente sobre o nível elevado da palestra e sobre os temperamentos que se engalfinhavam todas as vezes que o Militante abria a boca.

— Gostaria de saber — disse ele — se ideias tão extravagantes, como as que sustenta o nosso colega, provêm de má-fé, de ignorância ou de um indesculpável idealismo utópico. O vigor com que ele defende suas posições faz-me excluir às vezes as duas primeiras hipóteses e acrescentar uma quarta: será que ele não é intrinsecamente bom, mas, por ser jovem ainda, não estará sendo submetido a uma espécie de lavagem cerebral que o cega para os valores espirituais?

— Essas mesmas interrogações me assaltam quando o ouço. Separar, contudo, a mera suspeita da pura verdade exigem provas inabaláveis, que não me ocorre quando e como produzi-las — respondi-lhe de forma própria de quem espera uma sugestão.

— Neste momento — acrescentou ele —, nada me vem à mente. De qualquer maneira, dispomos de tempo para alinhavar uma estratégia que nos leve a dissipar as nossas dúvidas.

Aquele momento de descontração mascarou um inocente descuido que o tempo não perdoa. A palestra já havia começado e nem nos demos conta disso.

Dizia o Monge quando chegamos:

— Vou falar hoje sobre o socialismo. A minha exposição, no entanto, não tratará de questões filosóficas nem se preocupará em refutar os dogmas marxistas atinentes à economia. Vou me limitar a examinar a doutrina socialista do ponto de vista estritamente metafísico. Sua origem, sua estratégia, seu objetivo de execrar a humanidade e de perder o homem constituirão os tópicos sobre os quais versará a reunião de hoje.

Devo alertar, inicialmente, que o socialismo, tal qual o entendemos e sofremos hoje, constitui a obra-prima de Satã. Sua teoria e sua prática foram concebidas e estruturadas a partir de concepções ateias e anti-humanistas que remontam à antiguidade. Satã já trabalhava então com a ideia de transformar a mentira, o terror e o assassinato em formas de atuação política e de fundamento da autoridade. Ele começou, na pessoa de Licurgo, a ocupar armado a praça pública e, acompanhado de seus asseclas, impôs pelo terror seus planos de renovação, exemplo que encontrou depois vários imitadores.[93] Licurgo se propôs um tríplice objetivo: cortar pela raiz as dissensões entre os ricos e pobres; assegurar a independência da cidade, e dar força e estabilidade ao poder político. Para por um termo às disputas nascidas da inveja dos pobres e do orgulho dos ricos, Licurgo decretou a igualdade absoluta entre os espartanos, aos quais, inclusive às mulheres, atribuiu o *status* de intrépidos *guerreiros*. A igualdade espartana não podia se conciliar com a existência de deficientes e de loucos. Por isso, a legislação de Licurgo determinava que todas as crianças portadoras de mal impeditivo de exercícios bélicos deviam ser sacrificadas. As sobreviventes, arrancadas precocemente às famílias, eram submetidas à educação comum.

O mesmo sistema foi aplicado ao sexo feminino. Era preciso dar aos duros soldados de Esparta mulheres, ou

---

[93] Alfred Sudre, *Histoire du communisme*, Paris, p. 14, 1850.

AS PALESTRAS DO MONGE

melhor, fêmeas de quadris largos, cuja impudência patriótica se prestasse às combinações do *haras* humano espartano, em que todas as leis da decência eram sacrificadas à quimérica esperança de obter uma raça mais vigorosa.[94]

Satã percebeu, porém, que a iniciativa de Licurgo não era suficiente para difundir o exemplo de um autoritarismo radical, a um só tempo, mentiroso e genocida, ainda que o modelo espartano tenha vingado. Era preciso reduzi-la às proporções da filosofia.

Todas as vezes que o princípio de uma doutrina se acha depositado nas instituições de um povo, ele encontra mais cedo ou mais tarde um lógico rigoroso que o desembaraça de toda impureza e o desenvolve até as últimas consequências. Aconteceu assim com os elementos do comunismo, que não tinham recebido, nas leis da Lacedemônia, senão uma incompleta aplicação. Platão os recolheu e traçou na sua célebre República, o plano de uma sociedade ideal, fundada sobre a pura comunidade de bens.

Para evitar que a ambição e o amor da riqueza levem os homens a ameaçar o Estado, eles não terão propriedades, serão alimentados em comum e a expensas da República, numa austera frugalidade.

Assim, a cidade de Platão consiste numa aristocracia de guerreiros e de filósofos, servida por uma multidão de escravos, sobre a qual impera a classe dos homens livres votados às ocupações úteis. É para o aperfeiçoamento físico e moral desse punhado de dominadores que Platão vai fazer tudo convergir.[95]

Satã, por outro lado, sabia que estava nos desígnios de Deus servir-se do Império Romano para difundir o Evangelho. Cumpria, então, antecipar-se ao plano divino e subverter a Cidade Eterna, espalhando aí o pecado. Roma, porém, não era Esparta; buscar-se-ia em vão no âmbito daquela os erros que proliferavam nesta. A ideia de comu-

---

[94] Alfred Sudre, *op. cit.*, p. 16.
[95] Alfred Sudre, *op. cit.*, pp. 26-27.

nismo parece ter sido completamente estranha ao gênio romano. Entre todas as sociedades antigas e modernas, nenhuma houve tão impermeável às diretrizes socialistas quanto Roma, onde o direito de propriedade foi sempre energicamente compreendido, largamente implantado e fielmente aplicado. Não só incidia sobre objetos e escravos, mas estendia seus liames sobre os homens livres e sobre as relações familiares. Como, então, invadir Roma e torná-la imprestável para o projeto evangélico? Satã concebeu uma ideia original: à comunidade de bens sucederia a comunidade nos vícios.

Se quisermos conhecer a fundo um romano do Império, convém examinar de que modo ele empregava o tempo dedicado ao lazer. Desfilarão, assim, ante os nossos olhos, os mais variados tipos humanos, todos eles sem freios, desarmados de escrúpulos e sedentos de prazer. Em Roma, a paixão pelo anfiteatro monopolizava a atenção de toda a população. Os gladiadores surgiam vestidos de armaduras e munidos de armas extravagantes, com as quais tinham que combater homem a homem ou em grupos. Outras vezes, enfrentavam animais ou travavam batalhas sangrentas, findas as quais a arena ficava entulhada de cadáveres.

Algum tempo depois, nem a emoção produzida por esses combates sangrentos, nem mesmo a magnificência da encenação foram suficientes para excitar os nervos embotados de uma alta sociedade completamente envilecida e de um populacho abjeto. Foi preciso recorrer às invenções mais estranhas, mais extravagantes e mais monstruosas para ornar os espetáculos mais atraentes e mais dignos de um povo de canibais.[96] Se podemos qualificar de indiferente e mau o ser humano que se compraz com a morte do homem pelo homem, ainda que ambos lutem em pé de igualdade, como se poderá chamar a ferocidade de um romano que se deleitava com o sangue humano vertido pelas garras de um animal, quando animal e homem

---

[96] Friedlaender, *Moeurs romaines du regne d'auguste a la fin des antonins*, Paris, p. 1867.

se enfrentavam de igual para igual? A espada matando deixava ainda intacto um cadáver; cumpria agora matar, por assim dizer, sem deixar resto. A aniquilação humana, com seu viés satânico evidente, passava a ser a distração preferida do paganismo romano. Satã acabava de introduzir o genocídio como forma de recreação pública; mais tarde irá fazê-lo como forma sistemática de atuação política.

Com o advento do cristianismo, o príncipe das trevas saiu temporariamente de cena. Seus objetivos foram paralisados, os oráculos se calaram para sempre, como noticia Plutarco.

— Professor! — disse a Filósofa. — Tenho uma dúvida. O senhor mencionou que o espírito comunal era uma característica da influência satânica. Mas como explicar o fato de que os primeiros cristãos viviam isolados, em comunidade?

— Boa pergunta — respondeu o mestre. — Sabe-se que os princípios comunistas eram tão estranhos às instituições judaicas quanto o foram para as romanas. Pode-se afirmar desses dois povos que um, o romano, estava destinado a conquistar o mundo pela espada, o outro, o judeu, pela fé. Em ambos, a família e a propriedade apresentavam, ainda que com características diversas, a mesma força de organização, a mesma estabilidade. Foi no seio de uma sociedade assim constituída que Jesus Cristo veio proclamar a nova doutrina que devia regenerar a Terra. Buscar-se-ia em vão, nos discursos do Redentor, uma palavra sequer favorável à comunidade, ou à crítica das leis civis do povo ao qual dirige sua predicação. Por toda parte no Evangelho irrompem os anátemas contra os atos que ameaçam as grandes instituições da propriedade e da família, glorioso e eterno apanágio da raça humana. Não senhores, o princípio que Jesus Cristo veio revelar a Terra não foi o da comunidade, não foi a destruição das regras que, depois da origem das sociedades, tinham presidido as relações dos homens entre si e com o mundo exterior, nem as que uniam o esposo à sua companheira, o pai a seus descendentes. O cristianismo não traz em si os germes dessas deploráveis doutrinas, ramos parasitas que inteligências extraviadas pretenderam enxertar num tronco são e vigoroso. Face às perseguições dos judeus, esses primeiros fiéis deviam estreitar sua união, a fim de conservar intacto o precioso depósito da palavra de Deus, e de resistir ao ódio de seus inimigos. Para se entregar inteiramente aos deveres da predicação, ao ardor do proselitismo, era preciso que eles se desembaraçassem de todos os cuidados da vida material, e assegurassem ao mesmo tempo a obtenção do pão de cada dia. Daí a necessidade de se instituir, em proveito da Igreja nascente, um fundo comum, destinado a custear as carências de seus membros. A caridade mútua isso proveu. Consagraram-se os bens comuns ao cumprimento da missão à qual esses primeiros cristãos devotavam seus esforços e suas vidas. Não havia aí nenhum constrangimento, nenhuma imposição. Eram atos espontâneos e, por isso, meritórios, o que exclui o caráter cogente de sua realização. Ademais, tal regime era essencialmente temporário e transitório, de sorte que jamais foi implantado em qualquer outra Igreja, que os apóstolos não tardaram a fundar.[97]

Respondida a pergunta da Filósofa, o Monge prosseguiu:

— Com o cristianismo – como disse –, Satã fora vencido, mas não morrera. As heresias constituíram sua grande escaramuça igualitária nesse momento histórico. O pai da mentira não se contentava mais com o pecado individual, desejava-o, desde Esparta, em massa, ou seja, queria produzi-lo *em série* e punir as nações. Temos que nos convencer de que todas as grandes invenções, especialmente as tecnológicas, favorecem esse plano. Tudo contribui, no marco de nossas vidas para a supressão da responsabilidade individual. Todos vivemos cada vez mais num mundo de desordens coletivas. Kierkegaard, em seu *Diário íntimo*, diz:

---

[97] Alfred Sudre, *op. cit.*, pp. 46-51.

> Em oposição às distinções da Idade Média e das épocas que discutiam interminavelmente os casos de possessão, isto é de indivíduos particulares entregues ao mal, eu gostaria de escrever um livro sobre a *possessão diabólica nos tempos modernos*, e demonstrar como a humanidade que se entrega ao Diabo em nossos dias o faz em massa. Por essa razão, a gente se agrupa em rebanhos, para que a histeria natural e animal se apodere dela, para que se sinta inflamada e fora de si. As cenas de Blocksberg são o equivalente exato desses prazeres demoníacos, que consistem em perder-se a si mesmos, em deixar-se volatilizar num poder superior, no seio do qual, após ter perdido seu eu, já não se sabe o que se está fazendo ou dizendo, já não se sabe quem fala por nossa boca...

Em quê podia estar pensando Kierkegaard quando, em sua pequena Dinamarca burguesa, piedosa e confortável, escreveu essas linhas proféticas? Assistia as turbulências revolucionárias que na Europa assinalaram a irrupção do liberalismo, do capitalismo e do nacionalismo. Ele era o único que via o Diabo pondo mãos à obra nessas convulsões sociais.[98] Ele foi o único também que anteviu a consumação, um século mais tarde, da obra-prima satânica, realizada simultaneamente por Hitler e Stalin: o nazismo e o comunismo, uma só e mesma catástrofe.

"Kierkegaard compreendeu melhor do que ninguém, e antes que ninguém, o princípio *diabólico* criador da massa: fugir da própria pessoa, deixar de ser responsável, ou seja, deixar de ser culpável, e converter-se ao mesmo tempo em poder divinizado do Anônimo. Pois bem, é muito provável que o Anônimo seja aquele que se compraz em dizer: *Eu não sou ninguém.*

Reconhecemos aqui a velha tática, a sempiterna tática de Satã. Desde a primeira tentação no Éden, sempre recorre

---

[98] Denis de Rougemont, *op. cit.*, pp. 99-100.

ao mesmo e único artifício: fazer crer que o homem não é responsável, que não há nenhum Juiz, que a Lei é incerta e incognoscível, e que, uma vez conseguido êxito, seremos propriamente Deus.

"Fixemos bem. Adão e Eva, praticada a falta, foram se esconder, quiseram desaparecer. E quando são surpreendidos, lançam a culpa no outro. Assim são os homens de nosso tempo, arrastando seus 'complexos de culpabilidade' e fugindo da confissão de suas culpas, vão ocultar-se na multidão. Isto é, no lugar por excelência onde sempre se pode dizer: foi o outro! Para que deixe de haver responsabilidade, é preciso que deixe de haver pessoas, que não haja ninguém. E se chamo e não obtenho resposta, digo que não há ninguém, que não há nenhuma pessoa. A pessoa é em nós o que responde por nossos atos, o que é 'capaz de resposta' ou responsável; numa multidão não há resposta individual; para que deixe de haver responsáveis, basta que haja massa. Satã se dedicará, pois, a criar as massas".[99]

O pelagianismo e os anabatistas são os herdeiros das ideias comunistas. Os pelagianos, principalmente os seguidores de Pelágio, adotaram uma vida comunitária, na qual não havia espaço nem para a propriedade de bens nem para o casamento. Entre os heréticos da segunda seita, havia um homem que tinha tirado da doutrina anabatista consequências extremas, e transformado uma opinião religiosa em programa social e político. Era Thomas Munzer. Da igualdade dos fiéis diante de Deus, do princípio da fraternidade cristã, ele deduziu a igualdade política absoluta, a abolição de toda autoridade temporal, a espoliação geral e a comunidade de bens.

Pela mesma época circulavam perigosamente ideias comunitárias em busca de cérebros e mãos capazes de apreendê-las e difundi-las. Thomas Morus e Tomazzo Campanella foram seus mais célebres divulgadores.

---

[99] Denis de Rougemont, *op. cit.*, pp. 100-101.

O que torna a *utopia* notável não é somente o brilho da forma e a hipótese atrevida de uma sociedade fundada sobre o princípio da comunidade. São também as críticas que Morus faz de seu tempo, as ideias profundas e novas que ele emite sobre a religião e a política. Por esse lado, sua obra se liga ao mundo real. Está aí sem dúvida a principal causa de seu sucesso. Aos olhos de seus leitores, e talvez aos olhos do próprio autor, o quadro de uma sociedade submetida ao regime da comunidade não foi senão uma ficção, um sonho impossível de se realizar, um simples quadro destinado a ressaltar as picantes observações sobre as coisas contemporâneas.

Como quer que seja, quase todas as repúblicas imaginárias que apareceram depois do século XVI não são senão reproduções da *Utopia*. Morus é, portanto, o verdadeiro pai do comunismo moderno; a esse título, seu livro é uma obra capital e merece ser seriamente analisado.

Foi por volta de 1630 que Campanella veio renovar, pela publicação de sua *Cidade do Sol*, a cadeia das tradições comunistas. Campanella imaginou uma ordem social assentada na abolição da propriedade e da família. Sendo monge, o monastério é o tipo de organização social escolhido. Campanella compreende admiravelmente bem as condições da comunidade. Para mantê-la, ele combina todos os instrumentos imaginados pelo despotismo político e monacal, e inventa um sistema de tirania cuja ferocidade a humanidade, até então, não havia conhecido.

Nada detém esse lógico inflexível. Ele não recua, como Morus, diante da comunidade de mulheres. Sobre esse ponto, Campanella segue as pegadas de Platão e reconhece a íntima conexão que existe entre a abolição da propriedade e a da família. O espírito de propriedade, diz ele, não cresce em nós, senão porque possuímos uma casa, uma mulher e filhos como objetos de nossa propriedade. Daí vem o egoísmo, pois, para educar um filho, até as dignidades e as riquezas, e para fazê-lo herdeiro de uma grande fortuna, nós dilapidamos o tesouro público, se nós podemos dominar os outros por nossa riqueza e poder. Ou então, se somos fracos, pobres e se de uma família obscura, nós nos tornamos avaros, pérfidos e hipócritas".

A promiscuidade dos sexos reina, portanto, na *Cidade do Sol*. Mas Campanella não abandona as uniões ao acaso e ao capricho. A geração se torna em seu sistema uma alta função social, cujo exercício tem por fim o aperfeiçoamento progressivo da espécie humana.

O primeiro grande movimento de massa da história ocorreu com a Revolução Francesa. Seus mentores fizeram crer ao povo que o objetivo dela era liberar a política e a religião da superstição. Entretanto quem poderia se iludir de que tais homens, arrancados subitamente, e como que por encanto, da mais humilde posição de subordinação, não seriam embriagados por essa grandeza para a qual não estavam preparados? Imitavam-se os excessos da Antiguidade e sua paixão pela retórica; cria-se que bastava proferir belas máximas, e frias antíteses sobre a fraternidade e a virtude, para que essas abstrações tornassem o homem de carne e osso mais fraterno e virtuoso. De princípios extraídos de Rousseau, os revolucionários delirantes imaginavam que, sendo a propriedade um direito derivado do contrato social, a sociedade poderia alterá-lo, restringi-lo e até mesmo aboli-lo. Ela cessava de repousar sobre fundamentos absolutos para se apoiar sobre o terreno móvel da utilidade social. Desde o começo de 1791, a imprensa revolucionária começara a atacar a propriedade, a declamar contra os ricos, a professar abertamente as máximas da espoliação. Proclamava-se a necessidade de restabelecer a igualdade pelo poder absorvente e arbitrário do imposto progressivo. Cada dia via-se eclodir planos de legislação inspirados nas instituições de Esparta e nas leis agrárias de Roma.

Robespierre adotava todas as medidas que, no espírito de seus inventores, como na realidade, constituem sempre a transição da propriedade para o comunismo. Pela aplicação do Tratado das *Leis* de Platão, o incorruptível se encaminhava, sem sabê-lo, para a realização do estado social descrito no livro *da República*.

Em vão, Vergniaud protestou contra os erros de homens que queriam introduzir na França do século XVIII instituições e ideias que tiveram um êxito limitado na Antiguidade:

> Pensais que essas máximas, aplicadas somente por seus autores a Estados circunscritos, como as repúblicas da Grécia, em estreitos limites, devem sê-lo rigorosamente e sem modificação também na república francesa? Quereis criar um governo austero, pobre e guerreiro como o de Esparta? Nesse caso, sejais consequentes como Licurgo; [...] É verdade que tais leis que estabelecem a igualdade entre os cidadãos, consagram a desigualdade entre os homens.

Mas essas palavras tão verdadeiras e tão belas se perderam no meio do tumulto das paixões. Foi como o canto do cisne. Doravante, o campo ia ficar livre para as teorias de Robespierre, os sistemas de Saint-Just e as frenéticas excitações de Babeuf.

Discípulo e admirador de Robespierre, esse "frio axioma", como Lamartine chamou Saint-Just, reproduziu, exagerando-as, as doutrinas de seu mestre. As aspirações de Robespierre revestiam, sob a pena de seu adepto fanático, um caráter mais absoluto, mais sentencioso, mais sistemático.

O que domina nos fragmentos de Saint-Just é ainda a pretensão de reformar violentamente os costumes da nação e mudar o coração humano. Essa pretensa reforma moral, Saint-Just a perseguia com toda obstinação duma inteligência estreita, todo furor do fanatismo e do orgulho. Inclinava-se mais francamente do que Robespierre para o sistema platônico da igualdade, da limitação das fortunas, e para a doutrina da lei agrária.

O divórcio devia ser sempre permitido e até mesmo obrigatório, se os sete primeiros anos de união forem infecundos. A educação comum é declarada necessária. Os filhos pertencem à mãe até os cinco anos, se ela os alimenta, e à república até a morte. Eles serão vestidos de pano grosso em todas as estações; dormirão, não mais que oito horas, sobre esteiras, e se alimentarão frugalmente de raízes, frutas, legumes, laticínios, pão e água. Eis aí, certamente, um regime eminentemente propício para formar populações sãs e vigorosas.[100]

Como os comunistas de hoje, os comunistas de outrora queriam intervir na vida privada dos cidadãos; desejavam disciplinar minúcias, dirimir controvérsias, impor regras morais e suprimir as responsabilidades, tudo em nome de um talento ou pretensa sabedoria que se arrogavam possuir como "diretores espirituais" da nação. Esse papel reclamará também para si Babeuf.

Mortos os chefes do movimento revolucionário, a maior parte de seus líderes secundários, lançados nas prisões, não saíram delas senão no momento em que a Convenção creu dever procurar no resto dos terroristas um ponto de apoio contra a reação monarquista. Foi, então, que se formou o primeiro núcleo da conspiração, à qual Babeuf emprestou o seu nome. Estabeleceu-se um centro de direção cujos principais membros foram Barbeuf, Buonarotti, antigo jacobino e parente de Robespierre, Antonelle, jurado do tribunal revolucionário, e Sylvain Marechal, autor do *Dicionário dos ateus*.

Ao mesmo tempo, Babeuf divulgava suas doutrinas através de seu jornal, o *Tribuna do Povo*. Aí, ele desenvolvia, num estilo tão desprovido de moderação quanto de elegância, os princípios do *Código da natureza;* declarava que a propriedade individual é a causa da escravidão; que a sociedade deve ser uma comunidade de bens e de trabalho, e ter por fim a igualdade absoluta das condições e da fruição dos bens. Na assinatura que ele apunha nessas folhas incendiárias, Babeuf se justapunha a Caio Graco.

---

[100] Alfred Sudre, *op. cit.*, pp. 279-311.

Sabedor dos preparativos de uma rebelião, o diretório ordenou a dissolução da sociedade do Pantheon, e Bonaparte, então general do exército do interior, dispersou os conjurados.

O comitê dos insurretos decidiu então executar o plano conspiratório imediatamente, e acelerou os preparativos. Os historiadores da Revolução Francesa descreveram a formidável organização do complô. Agentes encarregados de preparar a insurreição nos diversos bairros e de ordenar as tropas à revolta; agitadores percorrendo os cafés e os lugares públicos, provocando aglomerações e arengando a multidão; panfletos na mão e cartazes distribuídos ao público; jornais gratuitos e com estilo cínico propagando a doutrina nas classes pobres: todos os meios que compõem o arsenal dos conspiradores foram utilizados.

Ao sinal dado pelo alarme e ao som de trombetas, os cidadãos e as cidadãs, com armas, deviam se precipitar em desordem de todos os pontos ao mesmo tempo e se concentrar sob o comando dos *generais do povo*, os quais traziam como signo distintivo fitas tricolores em torno do chapéu.

O conteúdo do programa de luta de Babeuf, publicado pelo comitê insurgente, era a declaração dos direitos dos iguais, a profissão de fé do comunismo e as seguintes determinações: abolição das dívidas públicas e privadas; o desarmamento; a arrecadação dos bens de todos os cidadãos e a expropriação geral dos bens não arrecadados.

Tais eram os planos de Babeuf e de seus cúmplices. "O sucesso deles, diz A.Sudre, teria sido o signal da mais espantosa guerra civil, da invasão estrangeira e do aniquilamento de nossa nacionalidade. A França recebeu com estupor a revelação dessa horrível conjuração".

Em política, tudo depende de um primeiro erro. Quando a distância da linha da verdade começa a aumentar, o desvio parece inicialmente insensível. Mas ela se acrescenta a cada passo e termina por conduzir ao abismo. Em vão, os tímidos vão se deter à beira deste; os mais ousados se precipitam e os arrastam com eles. Muito frequentemente, é a prosperidade, é a existência de uma grande nação que são tragadas com sua ousadia.[101]

O comunismo violento e revolucionário foi vencido na conjuração de Babeuf. O sentimento unânime de horror inspirado pelo projeto comunista, o vigor empregado pelo governo na sua repressão, deviam, por longo tempo, dissuadir os espíritos audaciosos de intentos desse gênero. A utopia, expulsa da ordem política, refugiou-se então na religião e na filosofia. Incansável, Satã engendrou, assim, o sistema racional de Owen, as teorias sectárias de Charles Fourier e a religião de Saint-Simon. Eu me permito apenas mostrar as relações que existem entre essas doutrinas e o comunismo, essa utopia mãe donde derivam todas as doutrinas utópicas.

Owen, Fourier e Saint-Simon e seus primeiros discípulos se distinguiram pelo caráter pacífico de suas predicações. Eles não aspiravam a outra coisa senão a triunfar pelo convencimento. A influência desses inovadores, contudo, não foi menos funesta. Eles contribuíram poderosamente a difundir nas almas uma incômoda disposição para criticar as bases da ordem social, para contestar sua legitimidade e, assim, provocar a sua destruição. Eles abalaram os fundamentos da moral, alteraram a noção do dever, o respeito da autoridade e o sentimento da obediência. Eles forneceram argumentos especiosos e pretextos cômodos para todas as fraquezas, todos os vícios e todos os crimes. Suas doutrinas agiram sobre a sociedade como um dissolvente tanto mais destrutor quanto sua ação era lenta e imperceptível. O dia haveria de chegar em que os ódios surdos, as esperanças impossíveis, que eles contribuíram para fazer vingar, reacenderiam ao sopro do comunismo revolucionário todas as fraquezas, todos os vícios e todos os crimes. Infelizmente, é uma disposição comum a quase todas as utopias de esquerda a tendência a perseguir pela

---

[101] Alfred Sudre, *op.cit.*, p. 328.

força o triunfo de suas opiniões. Entre nós, os adeptos dessas doutrinas costumam ser também seus soldados.

Fico por aqui. Amanhã vou falar sobre o comunismo contemporâneo.

O SOCIALISMO MARXISTA

O tema de hoje prometia emoções fortes. Eu as pressenti quando vi os gestos agitados do Militante, por ocasião da chegada do Monge, que sem delongas deu início à palestra.

— Marx é herdeiro, sob muitos aspectos, da doutrina de Hegel. E nós sabemos que o Estado hegeliano é a encarnação do Espírito sob a forma do acontecimento histórico. Esse espírito é consciência de si, mas a consciência de si é ação: o Espírito é o que ele faz, e fazer, para ele, é fazer-se a si próprio. Assim, o Estado se apresenta como a suprema revelação desse deus imanente e autocriador que é o Espírito. Mas um Estado só aparece num momento dado da história. Nós sabemos que uns Estados sucederam outros Estados. Uma vocação imanente do Espírito preside a sucessão dos impérios. Ora, se o Espírito é sua ação, é a força que vai assegurar seu triunfo. O Estado que tem o direito de dirigir a história, o Estado hegemônico, é o Estado mais forte. A lei da guerra se confunde, assim, com a balança da Justiça. Se os impérios desfazem os impérios, impende reconhecer aí o caráter divino da força. A história da filosofia política conhece alguns pensadores que afirmam, com pessimismo, o primado da violência concebida como uma fatalidade maldita.

Leia-se, pois, o *Manifesto do Partido Comunista*: ele pressupõe essa ética da violência. Por certo, as classes substituíram os impérios. Mas a classe que merece dominar é a classe hegemônica. O reino da força é sempre a revelação do Espírito – ou da "História". O extremo desamparo do proletariado aparece para Marx como um título à sua dominação futura.

Mário Pimentel Albuquerque

Depois da morte de Hegel, assistimos à divisão de sua filosofia em duas correntes: a *direita hegeliana*, composta principalmente de teólogos protestantes liberais, esforça--se por conservar a filosofia do mestre, a ela adaptando o dogma cristão. A *esquerda hegeliana*, na qual é contado Karl Marx, é mais perspicaz. Ela se afasta do sistema de Hegel para concentrar-se no espírito que a anima, ou seja, a *dialética*, esse "delírio báquico" que impele o ser a incessantemente se ultrapassar, a incessantemente correr. Como, pergunta o jovem Marx, *sobrepujar* Hegel? Um dos primeiros entre os *jovens hegelianos*, Marx afirma que a filosofia, que alcançou com Hegel a perfeição de seu estatuto especulativo, deve ser reformulada com a ação: a *praxis* é postulada pelo seu contrário dialético, isto é, o pensamento. Tal será o sentido da tese sobre Feuerbach frequentemente citada: "*Até aqui os filósofos interpretaram o mundo, trata-se agora de transformá-lo*".

Mesmo aos olhos dos Jovens Hegelianos, que não chegaram ao conceito de *praxis*, a dialética inibe a construção de um sistema definitivo de pensamento. O espírito é movimento: sua atividade específica, para Bruno Bauer, será a "crítica". A crítica ataca tudo o que tem a pretensão de fixidez ou perenidade: religião, instituições, Estado. A onda do devir dialético conduz ao conceito ético de *revolução*. O revolucionário, como pensamento inicialmente, depois como ação, vive a vida autêntica do "Espírito".

Em 1837, Marx é estudante em Berlim. A filosofia de Hegel reina ainda sem contestação. Marx confessará que teve de lutar consigo mesmo para aderir a esse pensamento *à la mode*. Mas, depois que nele entrou, jamais o abandonou completamente. Em 1841, ele apresentou sua tese de doutorado sobre a *Diferença da filosofia da natureza em Demócrito e Epicuro*. Por que este tema? Porque o período do pensamento grego que sua tese cobre parece, para Marx, oferecer analogias com aquele em que ele vive. Epicuro vem depois dos "grandes" Platão e Aristóteles, como ele, Marx, vem depois de Hegel. Um problema pessoal guiou sua escolha.

Em 1847 e 1848, vem à luz *A miséria da filosofia*, resposta polêmica aos livros de Proudhon (*Filosofia da miséria*) e o *Manifesto do partido comunista*. Marx nele defende uma nova ideia de Estado que permanecerá irrefutável para o pensamento comunista: o Estado é instrumento de dominação da classe dirigente.

Em 1852, aparece o *18 de Brumário de Louis Bonaparte*, no qual Marx retorna à sua primeira teoria do Estado. Nessa época, consciente da impossibilidade de uma total supressão do Estado, Marx afirma a necessidade da fase transitória da *Ditadura do proletariado*. Mas é, sem dúvida, Friedrich Engels quem expôs de forma mais completa a doutrina marxista do Estado, em *A origem da família, da propriedade e do Estado* (1844). Engels aí concilia as duas concepções assinaladas anteriormente: o Estado é uma ideologia, uma alienação, ou seja, uma alienação que constitui um instrumento de dominação nas mãos da classe dirigente, a saber: da classe hegemônica.

Marx, daí por diante, insiste fortemente sobre o caráter abstrato e arbitrário da construção de Hegel. Ele denuncia nas categorias do Estado hegeliano as abstrações lógicas. Com efeito, a filosofia hegeliana do Estado pressupõe a *Lógica*. Tecendo dialeticamente uma rede de conceitos, Hegel pretende reconstruir as estruturas fundamentais do real. A cada um dos conceitos abstratos da Lógica corresponde uma tradução nos diferentes campos da realidade, natureza ou atividade humana, seja ela da arte, da filosofia, da história ou do Estado. Os mesmos esquemas se encontram assim na arte, na religião, na história, na filosofia do Estado.

Eis porque, nos escritos de 1844, Marx critica com perspicácia inicialmente a dialética. Sua crítica incide precisamente sobre este ponto: os sujeitos da dialética (pode-se traduzir por: os protagonistas do processo histórico) não são mais para Hegel seres reais, são apenas conceitos.

Ou, ainda, Hegel inverte sujeito e predicado; substitui os homens, por exemplo, pela ideia promovida à categoria de agente da História. Nisso reside a mistificação, da qual o jargão do filósofo não é mais que um signo.

Marx, porém, não se liberta senão parcialmente do idealismo hegeliano; na verdade, ele é levado a um compromisso. E, no plano especulativo, um compromisso tem algo de híbrido. Assim, dirá ele, a dialética, longe de ser um jugo de abstrações, está nas próprias coisas. Ora, como eu já falei, a dialética é solidária da concepção idealista do espírito; ela é o espírito do monismo imanentista que salva o múltiplo, identificando-se com o movimento que percorre a multiplicidade empírica. Eu espero ter enfatizado o poder da dialética em Hegel, ainda que ela repouse sobre um erro de origem. Mas a dialética nas coisas é uma apreensão do espírito que não tem nem a grandeza nem o vigor da dialética hegeliana. Se ela seduz, isso se deve a que nós nos contentamos com aproximações. O mundo material nos oferece a visão do movimento. A lei da geração e da corrupção aí impera. O que vive implica igualmente os diversos tipos de movimentos. A história, por sua vez, conhece as alternâncias e os choques. Tudo isso, à distância parece quadrar com a dialética, mas, de perto, a análise não resiste.

Giovanni Gentile, em *La Filosofia di Marx, studi critici*, mira no coração da doutrina marxista para aí desferir seu golpe decisivo.

Qual é a inversão da história hegeliana que Marx pretende ter operado? Para Hegel, a *ideia* era o princípio imanente da história. O propósito realista de Marx assenta no princípio oposto, segundo o qual a *matéria* é o fundamento natural. Se, portanto, trata-se de *naturalizar* a história, que se censure Hegel de tê-la idealizado; é preciso encará-la com uma visão naturalista; vê-la de uma maneira "científica", encerrando-a no domínio das ciências naturais. Assim, o marxismo seria reduzido a uma espécie de "darwinismo político e social".

Com efeito, Gentile mostra que entre o materialismo e a dialética, o acordo não pode ser senão factício. Por essência, a dialética implica total imanência; não se poderia, portanto, favorecer um elemento qualquer, aqui a matéria, com a função privilegiada de causa ou de princípio explicativo, o que significaria um retorno à transcendência. Considerada como realidade primeira, a matéria assumiria o *status* do Absoluto.

O materialismo histórico determina, pois, o processo de desenvolvimento que o curso da história deve seguir.

> Ora, afirma Gentile, quem diz processo determinável *a priori*, diz necessidade do processo; e quem diz processo necessário põe já a base duma previsão do futuro numa forma dada, ao menos, e numa certa medida.[102]

A necessidade decorre aqui, portanto, de uma lei imanente à história propriamente dita. Por isso, conclui Gentile, o materialismo histórico é uma filosofia da história, tal como a entendem os hegelianos.

Marx pretende ter determinado a essência da história. Quando o astrônomo prediz um eclipse, ele não faz nada mais que constatar as virtualidades contidas nos fatos presentes. Não é, pois, exato falar de previsão em sentido estrito do termo. Ora, o materialismo histórico pensa ter constatado a virtualidade da sociedade presente, quando afirma conhecer o que há de *imanente* no curso da história. Pois bem, o imanente transcende as relações de tempo e o que se pode dizer dele não constitui uma previsão propriamente dita, porque a previsão, pressupondo uma sucessão, não é senão a mais evidente negação do imanente. A essência da história não é matéria de experiência. O que se pede à experiência é uma explicação das "circunstâncias".

Assim, as circunstâncias acabam sendo integradas na engrenagem da dialética histórica que Marx, indevidamente, usurpou de Hegel. Marx, pensa Gentile, tendo admitido a dialética, que é o movimento específico do espírito, devia aceitar tudo o que está implicado por ela. Em virtude de seus postulados materialistas, o marxismo quer se prestar à verificação experimental. Mas Gentile observa que a dialética o situa noutro plano, no que ele chama de *especulativo*. Uma previsão é possível na ordem empírica, mas a filosofia da história transcende como tal a temporalidade, abraça a totalidade do real, inclusive a economia. Já que o marxismo deseja determinar o processo da história, cumpre antes reconhecer o valor subjetivo desse processo, criação do espírito cognoscente. É preciso lembrar que se trata sempre de uma elaboração científica de nossos conceitos, cujo valor de universalidade decorre de sua imposição necessária a todos os espíritos.

Reconhecido o vício que contamina o materialismo dialético, cai por terra a conceptualização marxista fundamentada em terreno movediço. Factícios são, por exemplo, os conceitos de *infraestrutura* e *superestrutura*.

A atividade fundamental do homem é de ordem "econômica" e o homem é essencialmente trabalho. Ora, numa sociedade há outras atividades diversas da puramente econômica, quais sejam as atividades culturais, por exemplo. Mas, segundo Marx, aquela desempenha em relação a estas e a todas as outras o papel de causa.

Que os condicionamentos econômicos influem sobre as mentalidades é um fato inegável. Marx, porém, afirma mais: as realidades econômicas são as causas pelas quais o homem, as instituições e a sociedade são determinados. Nesse ponto, muitos marxistas esquecem que a dialética é uma lei de interação pouco compatível com a explicação causal.

Por outro lado, a noção de infraestrutura pertence ao tipo de ideias falsamente claras. Já em Marx, a infraestrutura do capitalismo designa fenômenos heterogêneos, não suscetíveis de conceptualização uniforme. O embaraço é maior, sobretudo, quando se trata de delimitar as fronteiras da infraestrutura e da superestrutura: a ideologia intervém na própria contextura do "econômico": por exemplo, fenômenos como a planificação e a publicidade são tanto de ordem ideológica quanto de ordem econômica.

Outro tanto deve ser dito do conceito de *alienação* e *luta de classes*.

A ideia de alienação aparece nos escritos do jovem Hegel. Abraão é o tipo de homem alienado porque é o oposto do cidadão grego, cujos deuses são deuses da cidade, Abraão adora um Deus transcendente, que vive no além. Face ao altíssimo, Abraão é um escravo. Ele representa a religião cristã. Ao contrário, na religião do homem livre, o Absoluto é acessível aqui mesmo na Terra.

Essas ideias foram desenvolvidas por Ludwig Feuerbach, cujas obras exerceram grande influência sobre Marx.

Feuerbach é um jovem hegeliano que dirige sua crítica contra todo tipo de religião: a própria filosofia de Hegel é combatida por ele como uma forma de religião. Esta crítica é conduzida em nome da imanência. O homem deve se desembaraçar de tudo que o ultrapassa, de tudo o que constitui a transcendência ou a religião, da crença em Deus e também da filosofia especulativa de Hegel. É preciso retornar ao homem despojado da ganga ideológica. As grandes filosofias de Spinoza, de Schelling e de Hegel marcam as etapas da marcha para a imanência.

O homem, resultado desse processo, é o homem liberado das "abstrações", é o homem sensível que se compraz ao sentir a natureza. O homem é o deus do homem, *homo homini deus*. Esse homem, porém, não é o indivíduo: é a humanidade que é o todo, que é Deus. Na *Essência do cristianismo*, Feuerbach pretende demonstrar que cada atributo divino clássico é de fato um atributo da humanidade.

Metafisicamente, essa explicação é duplamente ingênua: a uma, porque Feuerbach conserva a ordem clássica dos valores, mas não explica sua origem: seriam absolutos, relativos, ilusórios? Sabe-se que São Tomás deduz da existência das perfeições participadas a existência de sua fonte infinita. A humanidade de Feuerbach simplesmente ocupa, *a priori*, o lugar do Absoluto como num passe de mágica; a duas, porque não se sabe a razão pela qual a alienação está na origem de um processo de projeção direta: os atributos divinos são um reflexo fiel dos atributos do Homem. Ora, a psicologia já demonstrou exaustivamente que as frustrações se camuflam e escamoteiam numa rede de símbolos. O deus irreal de Feuerbach, contudo, é uma imagem exata do homem. Seria mais cientificamente coerente afirmar que um conflito se exprime numa linguagem invertida, figurada, dissimulada.

Mas Marx não se contenta inteiramente com a explicação de Feuerbach. Ele quer radicalizá-la. Hegel dizia que o monarca encarna o Estado. Para Marx, a ideia hegeliana do monarca é uma abstração. A imanência deve ser diretamente vivida pela coletividade: a imanência exige a democracia. Em outros termos, enquanto houver Estado há alienação. Na *Questão Judia*, Marx afirma que a emancipação política não é emancipação humana *tout court*. É preciso suprimir o Estado, garante e reflexo da injustiça, pois o Estado se situa ainda na esfera da alienação. Como Feuerbach pretendia restituir ao homem os atributos falsamente atribuídos a Deus, convém conferir à sociedade civil os princípios platonicamente afirmados do Estado.

O que foi dito do Estado vale para a moral e para o direito. O homem deve recuperar tudo o que, pela alienação, tirou-se dele, tudo o que se alienou na transcendência. Enfim, o sujeito humano não é o indivíduo. Ele é o "ser genérico" (*Gattungswesen*). A pessoa é a coletividade.

Outra noção essencial à concepção marxista é a de *classe*. Marx não foi o primeiro a fazer uso desse conceito sociológico. Mas a originalidade do pensamento marxista consistiu em imprimir na ideia de classe o cunho distintivo da filosofia hegeliana da história. As classes desempenham o papel que tinham em Hegel os impérios relativamente às épocas históricas. Um vínculo necessário liga dialeticamente as épocas umas às outras para formar a trama da história.

Cumpre destacar o equívoco que inquina a ideia marxista de classe. Ela associa o fato empírico da estratificação duma sociedade em diferentes camadas com uma noção metafísica: a classe é a encarnação da história, o arauto do Absoluto. Daí o marxismo tira a ideia de "Partido infalível", "consciência" da história recapitulada na classe hegemônica. O Estado hegeliano já era um Estado-verdade. Da mesma forma, o Partido é infalível, ele é o revelador do sentido da história. Por outro lado, o encadeamento necessário das épocas, encarnadas cada uma numa classe, efetua-se segundo a lei dialética da luta dos contrários: a Revolução é a parteira de toda época nova.[102]

O pensamento marxista, com efeito, é movido por uma grande indignação. Ele é um protesto contra a exploração do homem pelo homem; e desde que não pôde eliminar aquela, suprimiu este como individualidade; dissolveu-o na massa informe da coletividade hipostasiada.

A concepção metafísica da dialética implica um messianismo apocalíptico, forma camuflada de todas as utopias e de todos os autoritarismos, pois, negando a dignidade inalienável da pessoa e sua capacidade do Absoluto, ignorando os limites do poder político, a doutrina do messias político é uma paródia diabólica do dogma cristão, posta a serviço dos intentos genocidas de Satã.

Surpreendentemente, o Militante se mantinha calado. Tinha um ar de quem, desconfiado, não compreendeu de todo as palavras do mestre, ou, por alguma razão íntima, quis fazer-se de desentendido para, chegado o momento, ferir melhor. Atentamente, tudo ouviu. Por sua vez, a Filósofa, quem por vezes quis interromper o mestre, mas se conteve.

---

[102] Giovanni Gentile, *La filosofia di Marx, studi critici, una critica del materialismo storico,* Opere Complete, Tomo XII, Florença, pp. 177-178, 1937.

Mário Pimentel Albuquerque

Concluída a palestra, o Monge designou para a próxima reunião a continuação do assunto.

O SACERDOTE COMUNISTA

Caía a tarde com o esplendor dessa estação ardentemente colorida, cheia de flores e refrescada por um brisa suave que afaga delicadamente a pele. Senti-me impelido a caminhar pelo centro da cidade, sem dar-me conta de que portava o crachá do convento que me identificava como participante do ciclo de palestras. Sentei-me num bar e pedi algo para comer. Enquanto comia, sentou-se ao meu lado um homem magro, de uns cinquenta anos, de aspecto bonachão, que não demorou muito a se apresentar:

— Meu nome é Plácido Silvério, sou frade menor. Vim ao Rio para tomar parte em um congresso de religiosos.

Cumprimentei-o e o convidei a comer comigo. Ele prosseguiu:

— Não pude deixar de observar o crachá no seu peito, a revelar que o senhor é religioso, se não de profissão, ao menos de devoção. Fico feliz por encontrar uma criatura que, como eu, dedica-se aos mistérios da fé. Por ela, exponho-me às vezes a muitas críticas, algumas provenientes de meus próprios confrades. Assim como uma mulher bela deseja ampliar sua beleza com jóias para ser mais admirada, assim também eu quero divulgar os ornatos dourados da minha fé para ser recompensado.

Em seguida, abriu sua pasta preta e enorme e me deu exemplares de uma revista que tinha o título de *O missionário revolucionário*; pude ver também um *Tratado* de Spinoza e uma edição do Novo Testamento que ele pretendia *aggiornare*. Tinha-o todo marcado segundo um comentário *racionalista e científico* de sua lavra que denominava de *canon da libertação*.

Disse-me ele então:

— Depois de vários anos de profundos estudos teológicos, filológicos e arqueológicos das Escrituras, cheguei à conclusão de que as narrações bíblicas não devem ser tomadas *au pied de la lettre*: são um amontoado de mitos, de alegorias, de plágios, de fábulas morais. Convém aos religiosos desembaraçar o verdadeiro ensinamento cristão dessa casca superficial e fantástica que o envolve, de modo a se alcançar seu verdadeiro objetivo: liberar o homem da opressão. Perceba que a Bíblia somente por doze vezes fala de liberdade, ao passo que em 116 passagens usa o verbo liberar. A interpretação teleológica deve preponderar sobre a literal. A crítica bíblica dos alemães e dos holandeses já desbaratou o velho sistema católico e muitos padres e bispos aqui mesmo no Brasil, além dos que já foram excomungados, admitem essa teoria, mas não têm ainda o valor de professá-la. Urge, pois, construir uma Igreja cristã e livre, desligada dos obstáculos da dogmática oficial, que promova a justiça social e apoie as lideranças políticas de esquerda.

Aquele discurso me entediou de tal maneira que, enfastiado, decidi não comer mais. Mas o fim do discurso não foi peremptório; um sinal de interrogação se escondia atrás do ponto que, aparentemente, pôs termo ao discurso, deixando no ar a pergunta: o que você pensa a respeito? Compreendi a intenção do frei Plácido e expus meu ponto de vista a respeito dessa teologia inovadora, que pretende dar a César até mesmo o que é de Deus. Disse:

— Poucos temas apaixonam mais o homem do nosso tempo que a justiça social; muitos cristãos, especialmente os eclesiásticos, descobriram-no recentemente, e os fascinou de tal maneira que passaram a ter uma acentuada propensão a identificar a religião com a justiça social. "Isso me parece inteiramente sem sentido, porque se é um erro reduzir Deus à condição de garantidor da imortalidade do homem, mais absurdo seria confiná-lo à função de custódio da justiça social. Deus nos interessa por *si mesmo*, e dele derivam para o homem inumeráveis coisas. Que uma delas seja a justiça social, não o duvido; mas não se esqueça de que a justiça *social* é só uma forma particular da justiça, e que além da justiça há uma legião de coisas que importam. O homem ocidental de nosso tempo considera que a justiça social é um imperativo inescusável; mas, uma vez admitido o valor da justiça social, ocorre-me que não está demasiado claro em quê consiste. Há uma primeira falácia consistente em identificar *males* com *injustiça*: males = injustiça. E os males sociais se interpretam como injustiça social. Seria absurdo considerar como injustiças os males procedentes do clima, dos terremotos, dos acidentes, da enfermidade, da velhice; todo mundo pensa assim; mas quando os males "têm que ver" com a condição social do homem, se os entende como casos de injustiça social. A pobreza, as incomodidades, a dureza da vida, sua insegurança, dependeram durante milênios das *condições reais*, primariamente cósmicas, e pouco ou nada da organização social ou da vontade humana. A pobreza, quando é inevitável, pode coexistir com um estado satisfatório de justiça, e sua eliminação pode deixar intactas muitas injustiças ou provocar outras. A injustiça social aparece quando a organização da vida coletiva introduz uma injustiça prévia a todo exercício da justiça, que fica viciada pela existência desse "estado de injustiça". De acordo com isso, justiça social é aquela que corrige uma situação social que envolve uma injustiça prévia que invalida as condutas justas, os atos individuais de justiça. (Uma injustiça prévia seria, por exemplo, a reserva de cotas para minorias nas universidades. A justiça social se faria aqui a coibindo).

A mais atroz injustiça que se pode cometer com um homem é despojá-lo de sua esperança. *Lasciate ogni speranza* – diz a placa na porta do inferno de Dante. Penso nas pessoas idosas, enfermas, paralíticas, cegas, surdas, vergadas de dores ou em circunstâncias pessoais em que a felicidade se desvaneceu sem remédio. Vão para a morte em breve; talvez a temam apesar de tudo; acaso a desejem; ou ambas as atitudes convivem em suas almas desalentadas e cansadas. Sempre me comoveram esses homens e mulheres que, ao final de suas vidas, rezam na igreja e se acercam do altar para receber uma comunhão que no antigo rito recordava a promessa da vida eterna, ou seja, a esperança.

Hoje são muitos os que se dedicam a minar essa esperança, a destruí-la ou, ao menos, a fazê-la esquecer. O grave é que às vezes o fazem em nome da justiça social, cometendo a mais aterradora injustiça que se pode imaginar. Quando alguém já não espera a outra vida, como é que fica sua situação se esta já não oferece mais que infelicidade? Para mim, isso é a máxima injustiça social, um despojamento dificilmente perdoável.

Dir-se-á que nossos contemporâneos, que não confiam na imortalidade, que não esperam outra vida depois desta, não parecem demasiadamente infelizes. Isso me parece ainda pior, porque além de perder o horizonte, perderam a consciência do que é viver, isto é, necessitar seguir vivendo sempre. Quem perde a esperança na outra vida compromete, sem dúvida, sua felicidade nesta. Imagina-se espoliação maior? Cabe injustiça maior que contribuir para que nossos semelhantes se degradem a ponto de renunciar a sua própria realidade?

O cristão, feliz ou infeliz, favorecido pela fortuna ou perseguido por ela, bem ou mal dotado, pecador ou relativamente justo, sentiu-se sempre plenamente *real*, existente *para sempre*, responsável por seus atos, capaz de dignidade, sem caducidade nem possibilidade de demissão. Parece-me literalmente uma injustiça privá-lo disso, pelo qual vale a pena ter nascido; e se isso se faz utilizando recursos sociais e talvez em nome da sociedade, essa injustiça é estritamente *social*.

Acrescente-se o desvirtuamento da consciência de *liberdade*. O homem é *forçosamente livre* – expressão de Ortega há meio século –, porque sua vida lhe é dada, mas não lhe é dada feita, porque tem de escolher entre suas possibilidades e fazê-la com as coisas. Mas, se intenta

AS PALESTRAS DO MONGE

convencê-lo de que não é livre, de que está determinado por condições psicofísicas ou econômico-sociais, de que não é pessoa, mas *coisa*; não alguém, mas *algo*. E tudo isso em nome da "justiça", quando, se assim fosse, se o homem carecesse de liberdade, a palavra *justiça* careceria de toda significação.

Como se vê, estamos no curso de uma gigantesca operação que consiste em inverter a ordem das coisas tal como a impõe uma perspectiva cristã. Muito bem, essa inversão é intelectualmente uma falsificação, moralmente uma perversão. Com uma hábil combinação de reiterações e silêncios, de martelamento de palavras e bem planejadas omissões, tal desordem se instaura diante de nossos olhos distraídos, frequentemente com nosso assentimento e complacência.[103]

Invencionice tendenciosa e adrede arranjada para embair com êxito alguns incautos. Serão os políticos gananciosos que promovem, por seu orgulho e sua devassidão, essa desordem? Ou será que ela é fruto de um conluio de seitas esotéricas que almejam juntas perder o homem? Não! Essa ideologia maldita, que exclui da religião e da promessa de eternidade uma multidão de gente crédula e simplória, promana da própria Igreja Católica, ou melhor, de membros dissidentes que não são dignos dela, mas que em nome da religião pregam o ódio, o ressentimento e a espoliação, numa palavra: a luta de classes.

Movido como estava de indignação, não reparei que se aproximava a hora do início da palestra. Despedi-me apressadamente do meu estranho interlocutor e abandonei o local, experimentando a reconfortante sensação de que fizera a minha parte.

Na sala de aula, antes de dar início à palestra, o mestre lembrou que pouco faltava para esgotar todo o tema. Disse ele:

---

[103] Julián Marias, *Problemas del cristianismo*, Madri, passim, 1979.

— Lembro-me bem do primeiro dia. Nem era possível esquecer o susto que eu preguei em vocês com o anúncio do inesperado tema. Hoje, devo assustá-los novamente, não recorrendo à surpresa, mas ao pavor que provoca no homem de bem o socialismo contemporâneo. Permitam-me apresentá-lo, socorrendo-me das luzes do maior filósofo brasileiro da atualidade.

"O socialismo matou mais de 100 milhões de dissidentes e espalhou o terror, a miséria e a fome por um quarto da superfície da Terra. Todos os terremotos, furacões, epidemias, tiranias e guerras dos últimos quatro séculos, somados, não produziram resultados tão devastadores... O ideal socialista é, em essência, a atenuação ou a eliminação das diferenças de poder econômico por meio do poder político. Mas ninguém pode arbitrar eficazmente diferenças entre o mais poderoso e o menos poderoso sem ser mais poderoso que ambos: o socialismo tem de concentrar um poder capaz não apenas de se impor aos pobres, mas de enfrentar vitoriosamente o conjunto dos ricos. Não lhe é possível, portanto, nivelar as diferenças de poder econômico sem criar desníveis ainda maiores de poder político. E como a estrutura de poder político não se sustenta no ar, mas custa dinheiro, não se vê como o poder político poderia subjugar o poder econômico sem absorvê-lo em si, tomando a riqueza dos ricos e administrando-a diretamente. Daí que no socialismo, exatamente ao contrário do que se passa no capitalismo, não haja diferença entre o poder político e o domínio sobre as riquezas: quanto mais alta a posição de um indivíduo e de um grupo na hierarquia política, mais riqueza estará à sua inteira e direta mercê: não haverá classe mais rica do que os governantes... A experiência socialista, quando não se congela na oligarquia burocrática, dissolve-se em capitalismo selvagem. *Tertium non datur.* O socialismo consiste na promessa de obter um resultado pelos meios que produzem necessariamente o resultado inverso.[104]

De fato, o socialismo é falso e os socialistas trapaceiros. Ambos afetam preocupação com a miséria, sofrimentos e vícios dos pobres, atribuindo-os todos à constituição atual da sociedade, a demonstrar que só com a reconstrução dela sobre novos princípios e novas instituições, tornar-se-á possível a redenção do pobre.

Essa é a estratégia infalível de Satã, não fosse ele o pai da mentira, para engabelar o tolo e convencê-lo a que entregue sua liberdade em troca de promessas filantrópicas irrealizáveis e estéril assistencialismo.

"Descubro aqui a falácia mais popular do nosso tempo: não se considera suficiente que a lei seja justa, ela deve ser filantrópica. Nem é suficiente que garanta a todos os cidadãos o uso livre inofensivo de todas as suas faculdades para o próprio aperfeiçoamento físico, intelectual e moral. Em vez disso, exige-se que a lei conceda diretamente bem-estar, educação e moralidade para toda nação. Esse é o engodo sedutor do socialismo. Repito mais uma vez: esses dois usos da lei se contradizem diretamente. É preciso escolher entre eles. Um cidadão não pode ser e não ser livre ao mesmo tempo".[105]

Disse eu que o socialismo é a obra prima de Satã; reitero agora a minha assertiva para demonstrar que o princípio socialista é uma paródia do Evangelho, o ápice de um processo que atravessou séculos de experiências e transformações, que veio culminar nessa simetria bizarra que pretende a um só tempo denegrir a exautorar o ensinamento do Cristo.

É do espírito do verdadeiro cristão gemer com o sofrimento e a privação do próximo. Jesus Cristo deu aos seus discípulos de todos os tempos o maravilhoso exemplo de

---

[104] Olavo de Carvalho, *O mínimo que você precisa saber para não ser um idiota*, Rio de Janeiro, pp. 119-120, 2017.

[105] Frédéric Bastiat, *A lei*, São Paulo, p. 56, 2016.

extrema compaixão, curando os doentes e consolando os desafortunados, exemplo que foi constantemente seguido e imitado. A história eclesiástica é uma prova sempre renovada do espírito de beneficência, de devotamento, numa palavra, de caridade, que anima a Igreja e seus piedosos membros. A Igreja que tudo fez, tudo inspirou para suavizar na Terra a miséria, a pobreza, o sofrimento, preocupou-se, antes de tudo, a conduzir ao céu as almas; para ela, a felicidade neste mundo é uma coisa secundária. Não pensando senão nesta vida, dando por fim ao homem o gozo imediato de bens terrenos, o *socialismo* é essencialmente contrário ao espírito do cristianismo e a seu ensinamento; suas consequências tendem inexoravelmente a pôr de lado o que há de mais capital para o homem: o cuidado de sua salvação eterna.

"Quanto aos vícios, os socialistas estão longe de se entender conosco sobre o sentido desta palavra. Eles dizem: 'Suprimi a miséria e os vícios desaparecerão'. Há nessa ideia alguma coisa que o cristão admite e deplora. Sim, a miséria do operário o degrada, embota nele o sentimento moral, e entre a virtude e a fome, muito frequentemente a segunda triunfa em prejuízo da primeira. É por isso que a caridade cristã fundou hospitais, hospícios, escolas, muitas congregações religiosas, tantas obras beneficentes e um sem-número de asilos. Em vez de crer que basta suprimir a miséria para dar fim à desordem, sustentamos que o contrário não é menos verdadeiro e mais fadado à certeza moral, de modo que fazendo cessar a desordem do coração, o orgulho, os hábitos maus, a ignorância religiosa, far-se-á cessar a miséria, ou, ao menos, tornar-se-ão mais fortes os infelizes oprimidos por ela".[106]

Fazer cessar universalmente a miséria é, aliás, uma coisa impossível... Jesus Cristo disse que haveria sempre pobres entre os homens; por outro lado, ele não teria exortado seus perfeitos discípulos a serem pobres se a pobreza fosse um estado contra a natureza. Pode-se impedir que

---

[106] A. Bergier, *Dictionnaire de theologie*, T. 5, verbete: *socialisme*, Paris, 1852.

ela seja dura e irremediável através de medidas que o cristianismo sempre proclamou.

Segue-se, dessas observações, que não é de todo correto atribuir à sociedade atual os males da humanidade. Aqui ainda se podem inverter as recriminações dos socialistas e dizer que a sociedade é como é precisamente porque há misérias, desigualdades, sofrimentos e dor entre os homens. Para constituir uma sociedade perfeita, seria preciso acabar com as desigualdades inerentes ao ser humano; que este não fosse mais inclinado ao mal; que a doença não o ameaçasse nem a sua família com incapacidade e a morte prematura e imprevista; noutras palavras, seria preciso dar ao homem outra natureza. Mas, dir-se-á, é justamente isso que o socialismo pretende: construir um homem novo. Pois bem, vejamos com que materiais o socialismo pretende refazer o homem. Em primeiro lugar, o homem nasce assexuado; durante o transcurso da infância deve ser motivado eroticamente até descobrir seu sexo; no fim dela, o Estado deverá separá-lo da mãe para educá-lo segundo a cartilha marxista; é seu dever submeter-se incondicionalmente ao Partido e aceitar como verdade tudo o que este disser, ensinar ou decidir; sua moral se resume em odiar a burguesia e se comprometer a nunca, jamais, destacar-se dos demais, alegando ideias burguesas, como mérito, vocação, talento etc. Querem ver agora o resultado dessa educação bárbara? Pois bem, ouçamos as palavras de Svetlana Aleksiévitch sobre o *homo societicus*:

> O comunismo tinha um plano insano: refazer o "velho homem", o antigo Adão. E conseguiram fazer isso... Talvez tenha sido a única coisa que conseguiram fazer. Depois de se tentar e tantos anos, no laboratório do marxismo-leninismo, cultivaram uma espécie humana peculiar, o *homo sovieticus*. Uns consideraram-no um personagem trágico, outros o chamam de *sovok* (uma pá de lixo).

Tenho impressão de que conheço essa pessoa, ela me é bem conhecida, estou junto dela, vivi ao lado dela por muitos anos. Ela sou eu. São meus conhecidos, meus amigos, meus pais. Durante anos viajei por toda a União Soviética, porque o *homo sovieticus* não apenas o russo, mas também o bielorrusso, o turcomeno, o ucraniano, o cazaque... Agora vivemos em países diferentes, falamos línguas diferentes, mas somos inconfundíveis. Dá para reconhecer de cara. Somos todos pessoas do socialismo, semelhantes e não semelhantes às demais pessoas: temos nosso vocabulário, nossa noção de bem e de mal, de heróis e de mártires. Temos uma relação particular com a morte. São recorrentes nos relatos que eu colho palavras que ferem os ouvidos: "atirar", "fuzilar", "passar em armas", ou ainda aquelas variantes soviéticas para desaparecimento, como "detenção", "dez anos sem direito a correspondência", "emigração". Quanto pode valer a vida humana se nos lembrarmos de que há pouco tempo milhões morreram? Estamos cheios de ódio e de preconceitos. Tudo vem de lá, de onde havia o gulag e a terrível guerra. A coletivização, a expropriação dos *kulaks*, a migração dos povos...

Isso era o socialismo, e essa era simplesmente a nossa vida...

Por que no livro há tantos relatos de suicídios, e não de pessoas soviéticas normais, com biografias soviéticas normais? ... Busquei aquelas pessoas que se apegaram com todas as forças ao ideal de tal forma que não podiam se desprender dele: o Estado tornou-se o seu universo, substituiu tudo nelas, até a própria vida. Elas não conseguiram abandonar a Grande História, dar adeus a ela, ser felizes de outra maneira. Mergulhar... perder-se numa existência separada, como acontece hoje em dia, quando o pequeno tornou-se grande. O ser humano quer apenas viver, sem um grande ideal. Isso nunca aconteceu na vida russa, e nem a literatura russa conhece isso. No geral, somos um povo bélico. Ou guerreávamos ou nos preparávamos para a guerra. Nunca vivemos de outra maneira. Daí vem uma psicologia bélica. Mesmo durante a paz, tudo na vida era próprio da guerra. O tambor batia, a bandeira esvoaçava... o coração saltava no peito... A pessoa não percebia sua escravidão, até amava sua escravidão... Para nós, foi mais fácil aceitar o colapso do ideal comunista, já que não tínhamos vivido naquela época em que o ideal era jovem, forte, com a magia daquele romantismo funesto e daquelas esperanças utópicas ainda não dissipadas. Crescemos na época dos anciãos do Krémlin. Em tempos vegetarianos, de jejum. O grande sangue do comunismo já tinha sido esquecido. O entusiasmo causou estragos, mas resguardou o conhecimento de que a utopia não pode se transformar em vida.[107]

O socialismo é uma doutrina extremamente perigosa não somente para o repouso dos Estados, mas, ainda, para a fé dos povos. Suas promessas e, sobretudo, seu ódio, granjearam-lhe adeptos numerosos, vítimas da ignorância religiosa, de uma vã exaltação ou do vício. Como a maléfica fonte da qual promana, ele é também essencialmente ímpio; subverte as noções mais fundamentais sobre o dogma e sobre a moral, sobre Deus e sobre o homem, na medida em que abraça o panteísmo e a legitimidade das paixões. O mistério da redenção não tem razão de ser, uma vez que se nega o pecado original. Da legitimidade das paixões se deduz as mais temerárias consequências; a constituição da família é esfacelada mediante a substituição sacrílega do casamento pela promiscuidade. As noções do bem e do mal são evidentemente alteradas; o bem é o prazer, o mal é o que incomoda os espasmos das paixões. Assim, chega-se à perversão de todas as verdades,

---

[107] *O fim do homem soviético*, São Paulo, pp. 19-23, 2016.

de todas as ideias recebidas, de todos os sentimentos mais respeitáveis.

Já havia algum tempo que o Militante resfolegava, agitando os membros e enxugando o rosto. Aproveitou a pausa que o monge se dava para saciar a sede e, murmurando, abandonou a sala. Incontinenti, seguiu-o a Filósofa. O Monge, à vista de tão insolente comportamento, encerrou os trabalhos.

Pensei cá comigo: há gente que abomina ouvir razões tão habituada está em lidar com gritos, ofensas e palavrões. E o pior é que imputa aos outros um vício que lhe é próprio.

Na porta da sala já se formava uma aglomeração em torno do Militante. Todos queriam saber a razão de sua conduta destemperada e das consequências que dela poderiam advir. Percebi que havia chegado o momento pelo qual eu e o Incógnito tanto esperávamos. Aproximamo-nos do inconformado colega e ouvimo-lo dizer que o socialismo não era feio como o Monge o havia pintado, e que a intenção do Partido era legítima e extremamente favorável aos interesses do povo. Aproveitando o gancho deixado pelo Militante, o Incógnito sugeriu:

— Estou certo da tua honestidade. Mas é preciso conferir de perto se o Partido é honesto contigo também. Por isso sugiro, amistosamente, que façamos uma visita inesperada à sede partidária, de modo a dirimir dúvidas e remover equívocos.

O que a violência e a ameaça jamais conseguiriam, conseguiu-o a delicadeza e o aprumo do Incógnito. Diante da concordância do Militante, nossa visita ficou marcada para o dia subsequente, quando haveria uma reunião extraordinária do Partido e convocação geral de seus membros.

MANIFESTANTES SE REBELAM CONTRA O MONGE

Tudo o que se refere ao sobrenatural assume proporções psicológicas incomensuráveis, com as quais não estamos acostumados a lidar no dia a dia. Sua significação profunda está ligada a um sentimento alheio à experiência e à forma discursiva, donde a dificuldade de expressá-lo e de transmiti-lo racionalmente. Enclausurado num indivíduo, o sentimento do sobrenatural se recusa a abandoná-lo ou partilhar-se, como se sua recepção estivesse condicionada ao mérito ou à culpa de uma alma que o experimenta e que sofre seu jugo inefável.

Absorvido nessas considerações, já me aproximava do convento, quando percebi uma movimentação estranha de gente no portão de acesso, por onde se costuma adentrar na igreja ou nas salas de aula. Eram criaturas arrevesadas, de olhar inquieto e gestos desafiadores, que portavam bandeiras e faixas com mensagens provocadoras: "Fora os padres fascistas", "Abaixo a Igreja Católica", "Sim ao aborto", "Morte aos opressores", "Viva o socialismo" etc. No centro do tumulto se via um improvisado palanque, sobre o qual um jovem corpulento gritava e gesticulava. Era o Militante.

— Essa farsa – gritava – tem que acabar! Chega de ser enganados e discriminados. A Constituição nos garante a liberdade não só da palavra, de reunião e de consciência – que são liberdades preliminares e burguesas –, mas nos protege também de toda restrição, qualquer que seja ela, dos sagrados instintos naturais e dos desejos mais comuns de nossa espécie. Se agimos instintivamente ou se desejamos algo, nós o fazemos também em legítima defesa. E todos sabem quais são os desejos fundamentais do homem oprimido: o de apropriar-se daquilo que necessita, mesmo que pertença a outro; o de "apagar" qualquer um que contrarie os nossos interesses e nossos objetivos; o de satisfazer os nossos apetites de qualquer natureza da forma que bem entendermos. Esses são os inalienáveis direitos da minoria humana, reflexos de uma natureza que nos iguala e capacita a exercitá-los legitimamente e *erga omnes*.

Contudo, seguimos ainda submetidos às leis que proíbem e castigam o roubo, o estelionato, o homicídio, o estupro, ou seja, os atos que constituem a autêntica expressão de um ser humano acuado e excluído. Pode-se chamar de lei um comando que limita tão descaradamente a liberdade humana e que manda pra prisão nossos companheiros que se rebelam contra essas arbitrárias imposições e que, por isso, são chamados de delinquentes? Não seremos livres até que sejam suprimidos todos os fascistas, sejam eles legisladores, juízes e policiais, paus mandados dessa direita reacionária.

Com ferimento da minha liberdade, um padreco conservador, que se intitula professor nesse convento, suprimiu meu direito de falar e censurou até meu pensamento. Sua homofobia, seu racismo e antiabortismo o encorajam a ministrar palestras e a promover ideias contra o caráter inamovível e constante dos instintos humanos. Que ele saiba que só nós, os desconstrutores universais e consequentes, podemos chegar a ser os legítimos libertadores dos oprimidos; só nós, não os papistas, estamos aptos a proclamar o verdadeiro direito dos excluídos e a condenação dos opressores; não o vão direito burguês proclamado em 1789, mas o direito do novo homem socialista: o direito de manifestar livremente os seus instintos.

Apenas se arrefeceu um pouco o furacão dos aplausos, subiu ao palanque uma mulher, de aspecto felino, desgrenhada, com olhos de bruxa cravados em suas órbitas arroxeadas. Mal pude acreditar: era a Filósofa. De interessante e delicada que era transformou-se em genuína mulher socialista; metamorfose que se confirma invariavelmente na experiência política. Disse ela então:

— Parece-me que o companheiro Militante não insistiu suficientemente sobre a liberdade das mulheres. Disse coisas verdadeiras, mas é um homem e sua mentalidade é masculina. Defendeu o direito do homem de manifestar seus instintos, mas nada disse sobre o mesmo direito da mulher de expressar os seus. A despeito da religião, da moral e da lei, o macho vem exercendo esse direito, ainda que seja recorrendo a expedientes clandestinos ou a fraudes bem tramadas. Mas para nós, as mulheres, essa liberdade é muito mais difícil. Essa condição de inferioridade deve terminar. Junto aos direitos do homem socialista, proclamamos os três direitos fundamentais da mulher socialista: direito à igualdade com os homens; direito à infidelidade matrimonial sem culpa e direito ao aborto. Esses direitos são absolutamente ignorados pela moral e pela Igreja Católica, que nos impõe a obrigação humilhante de nos confessar toda vez que os exercemos. Não foi diferente com as palestras ministradas pelo Monge, das quais emanava a cada instante o sórdido ranço do machismo, do antifeminismo e do antiabortismo.

A numerosa grei de feministas se estreitava ao redor do palanque, gritando, rindo e tentando apertar a mão da valorosa líder de seu movimento. Nesse tumultuado momento chegou a imprensa. Repórteres, técnicos, aparelhos de som, de imagem, cabos e microfones se espalhavam assimétrica e confusamente na calçada em frente ao convento.

— Qual a razão do protesto? — perguntou o repórter ao Militante.

— Estamos aqui para protestar contra a discriminação que sofremos da parte da Igreja Católica, especialmente de um de seus membros, que quis nos calar ao preço de ameaças e preconceitos.

Mário Pimentel Albuquerque

— Fomos vítimas da truculência da Igreja – acrescentou a Filósofa. – O que quer que disséssemos era censurado e distorcido, de modo que o direito das minorias, nesse espaço católico, ficou indefeso e posposto às considerações que, na visão do Monge, eram mais urgentes defender.

Talvez pelo tumulto, talvez pela chegada da imprensa, ou por ambas as coisas, fato é que a direção do mosteiro decidiu se posicionar. O Seminarista foi enviado ao lugar do protesto para avaliar a gravidade da situação e a extensão das queixas. O religioso se aproximou do repórter e se pôs à disposição para esclarecer quaisquer dúvidas.

— Os manifestantes dizem que foram alvos de preconceitos e de intolerável censura todas as vezes que o palestrante, transgredindo a isonomia, só a eles impedia que expusessem seu pensamento. O que o convento tem a dizer? – indagou o repórter.

— Temo que haja algum equívoco. – respondeu o Seminarista. – Esse ciclo de palestras ocorre uma vez por ano há mais de dez anos, sendo certo que jamais houve reclamações dessa natureza. De qualquer modo, estou autorizado a convidá-lo a entrar para que o senhor e sua equipe assistam à palestra de hoje, que começa dentro de trinta minutos impreterivelmente. Lá poderão ser colhidos os subsídios que o senhor precisa para ilustrar sua reportagem.

Aceito o convite e dissolvida a manifestação, eu, o Seminarista e os dois manifestantes nos dirigimos para a sala de aula acompanhados dos homens da imprensa. Antes que o Monge chegasse, os repórteres interrogaram os demais participantes sobre o objeto do litígio que comprometia a credibilidade das palestras e, até certo ponto, a imagem do mosteiro. Todos foram unânimes em elogiar a condução do palestrante e a organização do ciclo, e em admitir que estavam dispostos a frequentar o mesmo evento no ano subsequente.

OS DEMAGOGOS

Assim transcorre a vida monástica. Pela manhã, a missa e as orações; às primeiras horas da tarde, as obras e as orações; depois, o estudo e as orações. Participei somente desse último período e o fôlego já começava a me faltar. De qualquer modo, essa vida é infinitamente superior à vida das calçadas e dos prédios, dos cartórios e dos bancos, dos ternos e das gravatas, que se empenha extenuadamente na conquista de bens infinitamente inferiores aos que os monges obtêm com a missa, com a oração e com os estudos.

Com um crescente respeito por essa instituição, procurava não faltar às palestras nem mesmo nos dias, como naquele em que iria visitar o Partido, os quais a humanidade chama com razão de modorrentos.

Todos estavam presentes na sala, inclusive os jornalistas. Disse então o Monge:

— Quero começar com uma indagação. Como o orgulho das nações, como o orgulho dos indivíduos, se arrefeceram tanto a ponto de permitir a nivelação dos povos e das instituições sob o cetro, sob o verbo imperativo de um só e único soberano?

Como? Muito bem, examinemos friamente a invencível dificuldade! Talvez o problema deixe de ser insuperável se nós o encararmos por um de seus menores ângulos.

A questão adequada à solução, ou melhor, o questionamento correto que conduz à identificação e à resolução do problema, a meu sentir, seria este: existe ou pode existir um meio de congregar em um só corpo político, numa só e única federação a imensa massa dos povos; uma massa que, por si própria e por sua irresistível preponderância, arrastaria de alguma forma a totalidade do gênero humano? Há um meio de apagar, no fogo de um amor sincero ou de uma ardente cobiça, o anátema que, depois de Babel, divide os homens pela linguagem e isola os povos? O anátema que facilita ou engendra no seio das famílias ou das nações a guerra de sentimentos, os conflitos de interesses e os antagonismos de pensamentos?

Não seria esse meio, tão simples e tão prodigioso, por acaso, a criação de um novo dogma universal; de um dogma favorável às paixões humanas, e baseado, não na fé, mas sobre o testemunho dos sentidos, sobre a evidência material dos fatos? Assim, um mesmo e irresistível princípio bastaria para comover e arrastar a raça humana.

Mas, onde buscar, onde encontrar a causa geradora dessa única crença, desse *catolicismo ao revés*, pelo qual se trata de revolucionar e de febricitar, propagando-a de um lado ao outro do mundo social, o coração dos nossos semelhantes, principalmente dos mais crédulos?

É preciso, dizemos cristãos de todos os tempos, é preciso procurar e muito facilmente se encontrará essa causa irresistível na invasão dos Espíritos que brotam das fendas abismais; na operação daqueles que já habitam o espaço e que o apóstolo São Paulo chama de principados e potestades deste mundo; numa palavra, na infatigável atividade desses príncipes da mentira que, graças à permissão de Deus, vêm ou devem vir, tal como revelam as profecias, trazer à Terra sua última e mais devastadora incursão.

Com ferozes e incansáveis cúmplices que invertem a ordem natural das coisas, chamando insolentemente de erro tudo o que eles abatem ou nivelam; com aqueles que, para organizar a sociedade e o Estado, subvertem toda ordem e toda hierarquia entre os homens, cobrindo com o nome especioso de socialismo os mais temerários ou os mais culpáveis atentados contra o ordenamento social e político; com esses intelectuais a soldo do inferno, que se destroem mutuamente em busca de soluções, sempre alheias à caridade, dos grandes "problemas sociais", os enviados de Satã creem que suas obras não têm limites, que seu poder não admite contestação. Afinal, pensam eles, quem poderá estorvar-nos, se somos nós que escutamos e atendemos a voz dos interesses e das necessidades materiais? Essas necessidades e esses interesses que, depois de Caim, dividem a humanidade e tornam homicidas tantos braços fraternos.

Uma grande conspiração diabólico-socialista se prepara entre as nações da Terra; uma conspiração que persegue três fins: a destruição da fé, por conseguinte a destruição da Igreja; a formação de uma massa humana apóstata, inimiga de Deus e da religião; o restabelecimento da idolatria e do culto do demônio.

Essa conspiração leva à destruição a atual ordem internacional, na medida em que pulveriza a soberania dos Estados em nome de princípios extravagantes e sob o pretexto de que os diferentes povos devem ser agrupados segundo um critério que não é o da nacionalidade, mas o capcioso e fraudulento da "fraternidade", ou mesmo, simplesmente, da humanidade ou do multiculturalismo. E como o caráter de fraternidade ou humanidade é idêntico em toda parte e em todos os homens, segue-se que uma só e mesma Legislação, que um só e mesmo governo, devem ser por fim admitidos como a mais alta expressão política da fraternidade e da humanidade.

O socialismo é a doutrina antissocial que pretende fazer provisoriamente do Estado particular, a caminho do Estado universal, o mestre absoluto de todas as coisas, ou seja, das pessoas e de seus bens, dos corpos e das almas. Satã sabe que o meio de chegar ao reino universal da onipotência é através da apropriação da vontade do pobre e do ignorante, seduzindo-a e dispondo-a contra a família, a propriedade e a religião.

É claro que Satã não realizará essa imensa obra pessoalmente; fa-la-á por meio de cérebros e de braços humanos; de indivíduos rigorosamente selecionados e adestrados pelo inferno na arte de mentir, intrigar, ofender, instigar,

Mário Pimentel Albuquerque

apoderar-se ou usurpar o que não lhes pertence. Falo de um tipo de gente rude, fanática, atrabiliária e sempre disposta para qualquer serviço; falo dos *demagogos*, dos *intelectuais* e dos *ativistas sociais* e *políticos*.

Direi algumas palavras sobre cada uma dessas categorias sociais.

Demagogo é uma palavra grega que significa condutor do povo. Poder-se-ia aplicá-la a todos os políticos; o uso a reserva, porém, àqueles que servem o povo como este gosta de ser servido, sobretudo aos que, além de servi-lo, sabem também agradá-lo. Um demagogo numa república desempenha um papel em tudo semelhante ao do cortesão numa monarquia; um papel que traz honrarias, fama e muito dinheiro.

A lógica do demagogo é bem simples: agradar, agradar, agradar. Se ela dá certo até mesmo na religião, por que não o daria na política? O homem que entra num partido, mesmo sob o império de um impulso instintivo ou de um sentimento passageiro, não tardará a se convencer que seus companheiros de armas têm sempre razão e seus adversários estão invariavelmente errados. No meio especial, onde o confina sua atividade política, ele contrai uma espécie de daltonismo intelectual que o torna cego para certas verdades, da mesma forma que os olhos daltônicos são cegos para algumas cores.

Dois exemplos ilustrarão melhor o papel, a estratégia e objetivo dos demagogos de todos os tempos, ambos tirados da antiguidade, época em que nasceu e prosperou esse ofício vampiresco.

Introduzida em 507 a.C. por Clístenes, a democracia ateniense viu proliferar um novo agente político, disposto a fazer eco dos desejos do cidadão. Os aristocratas gregos chamaram-no *demagogo*, ou seja, o falastrão do povo. Numerosos truques para enganar atualmente o povo foram inventados então. Os primeiros demagogos sabiam, bem antes de Espinoza, que os homens são movidos por três miragens: os prazeres, as honras e as riquezas. Eles nos legaram seu modo de governar: ao ritmo de adulações, de promessas, de calúnias, mas sempre fomentando a inveja, o ressentimento e a preguiça.

Eles tiveram também a percepção de que o maior obstáculo à expansão da demagogia era o equilíbrio dos poderes. Nada é mais perigoso para uma ditadura popular, como o demonstrou Montesquieu. Por isso, eles atacaram a herança de Sólon que codificou o direito, com vistas a torná-lo independente dos arroubos populares e, com outras sábias medidas, inviabilizou a ditadura do povo e o governo tirânico de um só homem. A partir de Clístenes, em lugar desse equilíbrio, a democracia organizou a confusão dos poderes segundo um sistema igualitário que inspirou o terror francês: o Conselho dos Quinhentos, uma Assembleia popular, um Tribunal do Povo, competente para julgar processos políticos. Uma *lei do ostracismo* permitiu aos hábeis desfazer-se de seus rivais e banir os chefes políticos que tivessem em vista o bem da cidade antes de o deleite dos cidadãos. Entre essas inovações, uma merece atenção: o procedimento de banimento, dito *ostracismo*. Criado por Clístenes, ele ofereceu a ocasião e os meios de banir qualquer cidadão que se destacasse por crime de opinião e, finalmente, por crime de intenção. Ele permitiu à justiça popular se afirmar, à delação se expandir.[108] Péricles foi o maior carrasco de Atenas; Sócrates, Aristófanes e Tucídides, suas maiores vítimas.

Passo ao outro exemplo, que dá conta de como os Tribunos do povo, em Roma, destruíram os fundamentos da república romana pela demagogia.

O poder dos tribunos, originariamente, foi muito limitado. Consistia, basicamente, em impedir e não em agir, o que faziam através da palavra *veto*, que significa "eu me oponho". Não eram considerados magistrados, nem envergavam a pretexta, conquanto, ao que parece, sua

---

[108] Yves Roucaute, *Les demagogues de l'antiquité à nos jours*, Paris, p. 39, 1999.

presença exigisse que todos ficassem de pé. Eles tinham a prerrogativa de libertar um prisioneiro e de subtraí-lo a um iminente julgamento, escudados na profissão de socorrer todos os desvalidos, profissão que lhes impunha o dever de manter suas portas abertas dia e noite e de não deixarem a cidade, a não ser nas férias latinas, *feriae latinae*.

A partir de um determinado momento da história da república, mais precisamente quando os tribunos tomaram consciência da ascendência que tinham sobre o povo e das vantagens pessoais de seu poder material, se bem direcionado, podia lhes proporcionar, nada mais pôde conter a avidez dos membros dessa magistratura popular. "O senado percebeu logo, diz Antoine Terrasson, que se não pusesse limites nas pretensões dos tribunos, esses agentes iam subverter a ordem da república, de modo que os plebeus, que eram os últimos pelo nascimento, passariam a ser os primeiros em autoridade. Os senadores creram, portanto, que para recobrar seu antigo poder, deviam começar pela isenção do senado em face do plebiscito, e por disputar aos tribunos o poder de fazer leis. Logo, o povo tomou o partido de seus tribunos e não quis mais reconhecer a autoridade do senado, de sorte que essa nova divisão suscitou uma tão grande incerteza na jurisprudência que não havia sequer uma lei que fosse observada".

A obsessão dos tribunos por caluniar romanos ilustres, que com a superioridade do espírito podiam ameaçar sua mediocridade, terminou por conduzi-los à busca da avidez da fama através de discursos demagógicos.

A elevação dos grandes homens irrita sempre os homens medíocres. O desespero não deixa a eles outra compensação senão a de lhes causar sem cessar inúmeros obstáculos. Os plebeus temiam que os romanos mais dignos de governá-los aspirassem ao governo de Roma. O tribunato se empenhou particularmente nas suas arengas em deslustrar e ferir Coriolano. A simples descrição de sua conduta, pintada com as cores da inveja, dispôs o povo contra ele. Suas virtudes, seus talentos suas qualidades, tudo foi desfigurado pelas cores sob as quais se retratou o seu caráter. Sua altivez não passava de arrogância; seu valor, ferocidade; seu comando, despotismo, sua amizade com jovens patrícios, nada mais que uma conspiração contra a república, da qual era para suspeitar que queria se tornar amo. Coriolano os escutava; os tribunos concluíram, então, requerendo sua prisão.

E Coriolano, para não ser preso, exilou-se voluntariamente. O que se disse de Coriolano poderia ser dito, com igual acerto, de Cincinato, de Camilo, de Cipião e de tantos outros que, a exemplo do conquistador de Corioles, sofreram na própria pele o poder da ambição e da inveja do tribunato popular.

Esgrimindo arbitrariamente o direito de veto, os tribunos se opunham à instituição de tributos, à convocação da tropa, à criação de novos magistrados; eles podiam intervir, com sua oposição, em todos os decretos do senado e em todos os ordenamentos do povo (*intercedere*), e bastava o veto de um só tribuno para paralisar a ação de todos os magistrados, direito que César chamou de *extremum jus tribunorum*. Tal era a força do veto que quem quer que o ignorasse ou contestasse era levado à prisão pelo oficial do tribuno, *viator*, ou era convocado para comparecer diante da assembleia popular para ser julgado por desobediência ao poder sagrado dos tribunos. Considerava-se, aliás, um crime opor qualquer resistência ao exercício de sua função, de sorte que se alguém ofendesse um tribuno, era maldito (*sacer*) e se confiscavam seus bens. Graças a esse poder formidável, os tribunos, ignorando quaisquer limites, passaram a agir livremente, usurpando, invariavelmente, a competência das outras magistraturas.

O tribunato, durante e depois dos Gracos, tornou-se a mais influente de todas as magistraturas. Sabe-se o uso que fizeram desse poder os chefes do partido popular, os irmãos Tibério e Caio Graco, pouco antes que Sila reduzisse drasticamente as atribuições dos tribunos. Ambos, educados por sofistas gregos, tornaram-se hábeis na arte de persuadir, principalmente quando estava em jogo sua popularidade e a ambição de concentrar em suas mãos todo o poder político. Tibério, temendo a rejeição da lei agrária, depôs seu colega Otávio e suspendeu por um novo édito todas as magistraturas de suas funções até que a lei fosse aprovada ou rejeitada pelo sufrágio do povo. Ele lacrou com seu selo as portas do templo de Saturno, onde os cofres do tesouro estavam depositados, a fim de que os questores e os tesoureiros não pudessem entrar, e impôs pesadas multas a todo e qualquer magistrado que descumprisse suas determinações. Nunca se vira em Roma, até então, tal prepotência, contra a qual não podia cruzar os braços o que ainda restava das instituições republicanas, nem se resignarem os demais tribunos, diante da deposição covarde de Otávio. Foi justamente pelas mãos deles que terminou precocemente a carreira do filho mais velho de Cornélia.

Com seu filho mais novo, Caio, não foi diferente. Esse jovem, sedento de glória e poder, percebeu que alcançaria ambas as coisas se pudesse atrair para si a vontade popular, através da cooptação de uma maioria esmagadora de votos da plebe romana. Antecipando-se em séculos a Caracala, que havia feito o mesmo para arrecadar mais tributos, Caio Graco, mediante um novo édito, concedeu o direito de cidadania e o título de cidadão romano a todos os habitantes do Lácio, estendendo-o depois às populações dos alpes. Com tais medidas e certificando-se de que o povo estava sempre a seu favor, Caio deu início a uma série de medidas que suscitou a indignação do senado e a gestação de um movimento reativo que, em breve, iria custar-lhe a cabeça, literalmente.

Mas chegou o dia em que o confronto se tornou inevitável, pois a república, muito embora agonizante, ainda mantinha um fiapo de vida que a fazia resistir; e o instrumento dessa resistência foi Opímio. Esse cônsul determinou que todos os senadores, cavaleiros e cidadãos pegassem em armas, ao mesmo tempo em que pôs a cabeça de Caio a prêmio: prometia a quem quer que a trouxesse à sua presença o peso dela em ouro. Como Caio visse que não podia escapar a seus inimigos, mandou que Filócrates, seu escravo, matasse-o pela espada. Em seguida, cortou-se a cabeça de Caio, que foi levada por um agente do cônsul, não sem antes ser enxertada com chumbo, pra que se lhe pagasse, conforme a promessa de Opímio, o peso dela em ouro.

A Filósofa me perguntou como é possível que homens ignorantes e malvados cheguem ao poder e o exerçam tiranicamente. Eu respondo: isso é, infelizmente, possível; e digo mais, não é infrequente que em épocas de crise esse fenômeno ocorra, sempre protagonizado por demagogos inescrupulosos, que espreitam, como hienas, o momento em que a presa se debilita ou se distrai para de inopino devorá-la.

Isso talvez não seja objeto de discussão, mas o que é controvertida é a origem desse poder. Voegelin entende que ele reside numa deficiência do povo;[109] num expediente socialista, o compreende Hayek. Para nós, a explicação é outra. Um homem só, por mais talentoso que seja, não possui o engenho e a força, a liderança e a disposição, para submeter um povo livre e manter a opressão. É indispensável a decisiva contribuição do sobrenatural assim como o é também para a realização de grandes obras meritórias. A explicação de por que as coisas são assim, e não de outro modo, reside num dado intuitivo, mas frequentemente deturpado, pelo entendimento: doìs espíritos contrários disputam o império do mundo. A história não é outra coisa senão o vivo relato da luta entre o bem e o mal, vale dizer, entre o espírito laico, das trevas, e o Espírito Santo, da luz.

Ora, sendo assim, a incapacidade humana para a realização do bem ou do mal radicais não parece indicar que as supremas obras de caridade e beneficência, assim como as grandes matanças, devem-se, antes, a sugestões

---

[109] *Hitler e os alemães*, São Paulo, passim, 2015.

Mário Pimentel Albuquerque

do que a planos elaborados exclusivamente pela mente humana? Não é para crer que, da mesma forma que os milagres e as curas de Lourdes procedem do Espírito Santo, pela mesma razão e pela mesma lógica, os crimes de Hitler e a tirania de Stalin não devem provir daquele que ousou tentar o próprio Cristo?

A despeito da inafastável inspiração satânica, o demagogo tem que fazer a sua parte. Ele precisa alargar incessantemente sua base de apoio, sem a qual suas escaramuças políticas fracassariam; e não apenas alargá-la, mas também corrompê-la, mantendo-a na ignorância e no fanatismo, de modo a predispô-la à submissão incondicional e à obediência cega.

"A essa altura, entre em jogo o segundo princípio negativo da seleção: tal indivíduo conseguirá o apoio dos dóceis e dos simplórios, que não têm fortes convicções próprias, mas estão prontos a aceitar um sistema de valores previamente elaborado, contanto que este lhes seja apregoado com bastante estrépito e insistência. Serão, assim, aqueles cujas ideias vagas e imperfeitas se deixam influenciar com facilidade, cujas paixões e emoções não é difícil despertar, que engrossarão as fileiras do partido totalitário.

O terceiro e talvez o mais importante elemento negativo da seleção está relacionado com o esforço do demagogo hábil por criar um grupo coeso e homogêneo de prosélitos. Quase por uma lei da natureza humana, parece ser mais fácil aos homens concordarem sobre um programa negativo – o ódio a um inimigo ou a inveja aos que estão em melhor situação – do que sobre qualquer plano positivo. A antítese "nós" e "eles", a luta comum contra os que se acham fora do grupo, parece um ingrediente essencial a qualquer ideologia capaz de unir solidamente um grupo visando à ação comum. Por essa razão, é sempre utilizada por aqueles que procuram não só o apoio a um programa político, mas também a fidelidade irrestrita de grandes massas".[110]

Com efeito, não há nada mais contrário ao interesse do demagogo que a educação da massa, que a consciência crítica da multidão, porque são os ignorantes que abraçam com mais entusiasmo as lorotas da demagogia; não podendo ou não querendo desmascará-las, persistem na demência de crê-las e de servi-las: seu zelo culpável os consola de sua indigência intelectual. Incapazes de verificar e de contestar o que se lhes apresenta como certo, eles creem; insuficientemente esclarecidos para descobrir a debilidade de um argumento e a temeridade de uma asserção, eles tomam uma falácia por princípio, hipóteses por fatos, frases por argumentos, uma declamação cadenciada por uma dedução lógica, delírios por oráculos. A multidão não compreende os incidentes e os parênteses; ela não tem nem o gosto nem o sentimento das nuances; ela não quer nada, não sente nada pela metade. Aceitam o catecismo, sem objeções, sem restrições, sem escolha. Nisso consiste o sucesso do demagogo e a miséria da democracia.

Aqui, o Monge finalizou a palestra. Apressadamente, eu e o Incógnito abandonamos a sala e nos dirigimos à sede do Partido, conforme o combinado com o Militante.

---

[110] F.A. Hayek, *O caminho da servidão*, Rio de Janeiro, p. 39, 1990.

A VISITA AO PARTIDO

Numa das mais velhas e tortuosas ruas do centro da cidade, o Militante nos fez entrar por uma porta larga que conduzia a um aprazível pátio ajardinado em cujo centro havia uma espécie de piscina coalhada de flores aquáticas. Em torno dela começavam a formigar, confundir-se, aglomerar-se os membros do Partido, que chegavam aos montes. A ninguém nos apresentava o Militante: o anonimato era a única exigência que fizemos como condição de nossa visita: anônimos numa multidão, seríamos facilmente tomados como correligionários sem que houvesse necessidade de qualquer reserva na discussão da pauta.

O Militante foi recebido pelo que parecia ser o chefe dos trabalhos com uma cortesia esquisita, tanto mais surpreendente quanto, à primeira vista, tudo indicava tratar-se de um homem rude, iletrado e agressivo. Todos o chamavam apenas de *Camarada* e homenageavam-no com cordiais manifestações de discreta submissão.

O auditório estava apinhado de gente e, ao sinal do alarme, teve início a reunião com a leitura da ata e do edital de convocação. Depois de lidos, o Camarada tomou a palavra e disse:

— Reunimo-nos hoje com um propósito que não podia constar expressamente do edital, mas nem por isso é menos premente ou desimportante. Todos sabemos que o nosso objetivo maior é chegar ao poder custe o que custar. Até aí há um consenso unânime entre nós. Mas o que fazer depois que o poder estiver em nossas mãos? O que fazer com os nossos inimigos? Que devemos eliminá-los, isso é uma questão fechada entre nós, pois com a eliminação deles eliminamos também a ameaçadora possibilidade de uma contrarrevolução.

Mário Pimentel Albuquerque

A razão de ser desta reunião, em suma, é tratar de um assunto delicado, que é o de refletirmos sobre a forma concreta dessa eliminação sem que se firam suscetibilidade ou transgridam normas básicas dos direitos humanos. Sei que temos a imprensa do nosso lado, inclusive para, se for o caso, ocultar qualquer excesso. Mas é sempre bom manter as aparências e não dar azo a que a Igreja vá cacarejar em ouvidos sensíveis.

Alguns de vocês podem pensar que é precipitação de minha parte discutir algo que seja consequência de uma situação distante e aleatória. Engana-se quem pensa assim. A qualquer momento o poder será exclusivamente nosso; a população já está desarmada e nenhum poder interno tem força bastante para deter nosso ímpeto revolucionário. Por isso exorto todos vocês a que se deem as mãos e que, juntos, passemos a discutir a sorte desses burgueses malditos, dos padres supersticiosos e de todos os lacaios do imperialismo norte-americano.

Aceita a proposta por aclamação, começaram os debates com a sugestão do primeiro membro:

— Acredito que o fuzilamento é o melhor meio de execução, já que todos os outros exigem conhecimentos técnicos e são dispendiosos.

Outro membro assomou à tribuna e disse:

— O brasileiro ainda não descobriu o segredo e a nobreza de matar um inimigo. A morte para ele é sempre um motivo de assombro e sinal de injustiça. Por isso opino que inicialmente as execuções sejam feitas por injeção letal; depois, evoluiremos para outros métodos menos piedosos e mais eficientes.

Um terceiro se expressou assim:

— Não creio que devam ser levadas em conta as propostas anteriores. Os escrúpulos de nossos compatriotas não devem se sobrepor à culpabilidade de nossos inimigos. Além do mais, a adoção da tecnologia moderna nas

AS PALESTRAS DO MONGE

execuções será responsável por uma morte rápida, barata e anônima. Por essa razão, sugiro a guilhotina digital.

Nesse momento, uma mulher tomada de horror desmaiou. Suava muito e suas mãos tremiam. Com a ajuda dos confrades ela foi recobrando as forças e o ânimo, mas seu aspecto geral demonstrava ainda a violência do abalo que a prostrara ao chão. Olhando-a fixamente, o Camarada lhe dirigiu a palavra:

— Camarada Maria do Socorro, você ingenuamente imagina que estamos praticando um ato de crueldade. Ora, não pode ser cruel um ato que foi diferido por cinquenta anos; essa reunião que fazemos hoje deveria ter sido realizada em 1964, ocasião em que os inimigos do socialismo deveriam ter prestado contas de seus crimes, dizimados e seus cadáveres expostos à execração pública. Por circunstância alheia aos nossos projetos não pudemos praticar essa vingança histórica e, com o sangue dos nossos adversários, introduzir mais uma cor na nossa bandeira. Prossigamos com o nosso trabalho. Camarada Rubens:

— Penso que o fuzilamento é a banalização de uma Revolução, principalmente uma que se queira apoteótica e imorredoura. Sem contar que o fuzil foi popularizado e identificado com a pessoa do delinquente neste país. Inclino-me pela adoção da guilhotina digital.

Seguiu-se outro membro, com semblante mais grave. Disse:

— Lembro aos camaradas presentes que tanto o fuzilamento quanto a guilhotina digital representarão um gasto excessivo para uma revolução nascente. Sugiro a decapitação não por guilhotina, mas com machado.

Outro se precipitou na tribuna, antes mesmo que o anterior a abandonasse, e falou:

— Entendo que o fuzilamento é excessivamente burocrático e eu diria até demasiado impessoal. A guilhotina digital, embora por outros caminhos, incide no mesmo erro. Ambos separam os dois protagonistas principais

Mário Pimentel Albuquerque

desse drama revolucionário: o verdugo e o condenado. Sou do parecer, portanto, que o ato sublime da execução deve aproximá-los mais, colocá-lo face a face, para que a posteridade se convença do profissionalismo do primeiro e da abjeção do segundo. Por isso, opino ou pelo machado ou pela injeção letal.

Depois de sucessivos votos da tribuna, coube ao Camarada proferir o seu, desde um lugar privilegiado, onde, disse-nos o Militante, as luzes combinadas com calculadas sombras davam a seu semblante um ar de semelhança com o perfil de Stalin. Disse ele:

— Estou de acordo com os camaradas que me precederam em muitas coisas; discordo somente em poucas. De fato, o fuzilamento é uma forma de matar anódina e incolor. Lembrem-se que a execução, para nós, revolucionários, não é apenas uma punição, mas deve revestir a forma de uma festa popular, uma confraternização geral de homens e mulheres livres, para cujo seio convirjam homens elegantes e mulheres graciosas. Vamos, por ocasião dessas festas, destruir o tabu de que as mulheres comunistas são barangas e cafonas e de que os homens são broncos e fanáticos.

Precisamos, pois, refinar nosso gosto, a começar pela introdução da originalidade na nossa festa maior, em que todo o povo estará presente, secundado pelos nossos fiéis companheiros, os intelectuais e jornalistas, para celebrar a punição de um e o regozijo dos demais.

Quanto à decapitação, não afirmo que ela não tenha valor intrínseco. Pelo contrário; mas, para arrancar a cabeça com um só golpe são necessárias mãos firmes e uma visão apurada, perfeições que só encontramos conjugadas nos carrascos profissionais. Conheço alguns aqui mesmo, na América Latina. Eles, porém, são homens sérios, entusiastas da profissão e verdadeiros artistas; realizam com amor sua tarefa, e por isso são muito estimados pelos governos da região. Em razão disso são muito caros e inacessíveis, portanto, às nossas pretensões.

AS PALESTRAS DO MONGE

Afasto, pois, pelas mesmas razões, as técnicas da crucificação, do esquartejamento e da lapidação, cujas execuções são entretenimentos de povos infantis, indignas de verdadeiros homens.

Em suma, devo confessar a minha predileção pelos meios mecânicos, dentre eles, a forca. Esses meios, em geral, dão aos que os executam a certeza de que estão matando; aos que os sofrem, a consciência de que estão morrendo, e ao público presente, o contentamento de presenciarem um suplício justo e racional. Opino, assim, pela forca.

Embora seu voto fosse o único a favor do enforcamento, por alguma razão de ordem política ou administrativa, que eu desconheço, ele acabou por prevalecer.

Antes que o Militante desse conta de nossa ausência, eu e o Incógnito abandonamos o local à procura de ar fresco. Entre a repugnância e a perplexidade, voltamos para as nossas casas ávidos por descanso e ordenação dos pensamentos. Afinal, a última semana do curso iria começar.

OS INTELECTUAIS SOCIALISTAS

Às vésperas do fim do ciclo, devo dizer algumas palavras sobre a Filósofa. Amável no início, quando estava só, tornou-se um pouco áspera a partir do dia em que o Militante entrou em sua vida. Sua graça empanava-se, amortecia aos poucos. De um tipo feminino delicado, recomendava-se pela harmonia das proporções, pela cabeleira espessa e negra que repousava sobre um rosto ovalado com grandes olhos castanhos. De uns dias para cá, parece alheia à vaidade, aos cuidados dos cabelos e da vestimenta, e, quiçá, a uma vida desregrada deve o emagrecimento que desfigura, empalidece e arruína suas naturais ondulações. Mas o que é pior é que deu para descuidar dos estudos, desleixando-se em ócio inútil. A palestra se iniciava e lamentei profundamente sua ausência.

— Sobre os intelectuais socialistas — disse o Monge —, muito se tem a dizer. Pode-se afirmar com segurança que a sua participação na sociedade é de fundamental importância para a instauração e consolidação do regime comunista. Nem sempre eles constituíram o segmento social predileto de Satã. Passaram a sê-lo desde o século de Voltaire e Rousseau.

De fato, nos tempos recuados, o ofício de intelectual se confundia com o de mestre ou preceptor. Sua relevância e nobreza adivinham da importância que tinham na formação dos jovens em geral, e em particular, na de grandes personagens históricos, como Platão, educador de Dionísio de Siracusa, Aristóteles de Alexande, Sêneca de Nero, Alcuíno de Carlos Magno, etc. No século XVIII, o papel do intelectual muda radicalmente. A partir dos salões e dos clubes de Paris, como acertadamente observou Olavo de Carvalho, os intelectuais passaram a ter consciência do

Mário Pimentel Albuquerque

poder que tinham sobre a opinião pública, poder imenso que, controlado por Satã, produziu o maior desastre da história da França.

Desde então, nada resiste à influência desses novos oráculos das massas que sobre tudo opinam e sobre tudo querem decidir com tanta maior veemência quanto é nenhuma a sua responsabilidade sobre eventual resultado indesejado. Esses profissionais esquerdistas são especialistas em fazer abortar no indivíduo os processos mentais que estimulam o pensamento lógico e racional, idiotizando-o irreversivelmente.

Por volta de 530 a.C., o tirano Pisístrato vexou seus concidadãos com uma absurda advertência: "Vós vos ocupais com vossos *ídia* (assuntos particulares de cada um) que eu me ocuparei dos *koiná* (o comum, o de todos)". Dessa forma, o tirano reduzia os demais à condição de *idiótai*, posto que se apoderava do *koinon*. Por essa ocasião nasceu o termo *idiota* para qualificar a pessoa que só se ocupa de seus interesses privados, que abre mão de seus direitos políticos, e a quem Péricles, cem anos depois, chamou de *inútil*.

É, sem tirar nem por, o mesmo tratamento que o intelectual socialista dispensa à massa popular, a quem verdadeiramente despreza. E se algum desavisado pretende, com seu próprio esforço, buscar a verdade, "aí é que entra a missão providencial dos intelectuais. Sua função é precisamente por um fim a essa suruba ideológica, reformando o senso comum, organizando-o para que se torne coerente com o interesse de classe respectivo, esclarecendo-o e difundindo-o para que fique cada vez mais consciente, para que, cada vez mais, o proletário viva, sinta e pense de acordo com os interesses da classe proletária e o burguês com os da classe burguesa. A este estado de perfeita coincidência entre ideias e interesses de classe, quando realizado numa dada sociedade e cristalizado em leis que distribuem a cada classe seus direitos e deveres segundo uma clara delimitação dos respectivos campos ideológicos, Gramsci denomina *Estado Ético*. É a escalação final dos dois times, antes de começar o prélio decisivo que levará o Partido ao poder".[111]

Para colocar em prática esse plano diabólico, "os intelectuais inventaram as ideologias, sistemas de interpretação do mundo social que implicam uma ordem de valores e sugerem reformas a serem feitas, reviravoltas a se temer ou a serem esperadas. Pessoas que condenaram a Igreja católica em nome da razão aceitam um dogma secular por estarem decepcionadas com a ciência parcial ou por ambicionarem o poder, dado apenas aos sacerdotes da Verdade. Contentes de serem ateus, avessos à vida religiosa, intelectuais de esquerda quiseram divulgar a falta de fé como os missionários divulgam a fé, convencidos de que libertavam os homens ao matar deuses e ao derrubar altares. O comunismo é a primeira religião de intelectuais a ser bem-sucedida".[112]

E como fundamentalismo religioso, ele não se submete nem mesmo aos fatos nem à lógica. A antecipação do futuro permite que se manipulem inimigos e seguidores. Nesse ponto preciso, a ideologia se torna o conteúdo de um dogma. O salvador coletivo não se submete mais à história, ele a cria, ele constrói o socialismo e fabrica o futuro.[113] Daí suas previsões lunáticas e suas excêntricas reivindicações.

Os intelectuais são, no senso estrito que estamos vendo, fundamentalmente inconsequentes às exigências do mundo externo. "A predominância e a presumida conveniência dessa situação é confirmada por coisas como estabilidade de cargos e privilégios acadêmicos, além de conceitos cada vez mais expandidos de 'liberdade acadêmica' e 'autogerência acadêmica'". Como bem coloca Eric Hoffer:

---

[111] Olavo de Carvalho, *A nova era e a revolução cultural*, Campinas, pp. 60-61, 2014.

[112] Raymond Aron, *O ópio dos intelectuais*, São Paulo, p. 288, 2016.

[113] *Ibidem*, p. 293.

Mário Pimentel Albuquerque

> Um dos privilégios surpreendentes dos intelectuais é o fato de se encontrarem livres para serem escandalosamente estúpidos sem, contudo, sofrerem qualquer abalo em suas reputações. Os intelectuais que idolatravam Stalin, enquanto este purgava milhões e sufocava o menor sinal de liberdade não foram, contudo, desacreditados. Eles ainda gozam de ampla voz pública e avaliam cada novo tópico que aparece, sendo ouvidos com grande deferência. Sartre voltou da Alemanha em 1939, onde estudara filosofia, dizendo ao mundo que havia pouca diferença entre a Alemanha de Hitler e a França. Ainda assim, Sartre acabou se tornando um papa intelectual, reverenciado pela classe culta em todos os lugares.[114]

Todavia, Sartre não estava sozinho. O ambientalista Paul Ehrlich disse, em 1968: "A batalha para alimentar toda a humanidade está perdida. Durante a década de 1970 o mundo passará por grandes surtos de fome – centenas de milhões de pessoas morrerão de fome e já é muito tarde para que qualquer programa de contenção tenha efeito". No entanto, depois que aquela década chegou e se foi, assim como aconteceu às décadas subsequentes, não apenas a previsão não ocorreu, mas nos deparamos com o real problema de uma obesidade disseminada em nossa sociedade, assim como em um bom número de outros países, acompanhada pelo problema da superprodução agrícola. Todavia o professor Ehrlich não só continuou a receber aplausos por todos os lados, mas também títulos e honras de prestigiadas instituições acadêmicas. Afinal de contas, existem outras habilidades nas quais os intelectuais tendem a se esmerar, incluindo habilidades retóricas que podem ser facilmente usadas para se furtar aos testes que avaliarão, de fato, a veracidade de suas noções favoritas.

Bertrand Russel, por exemplo, era, ao mesmo tempo, um intelectual formador da opinião e uma autoridade

---

[114] Apud Thomas Sowell, *op. cit.*, p. 26.

ímpar dentro de seu campo. Todavia, o Bertrand Russell que, em nosso caso, é relevante, não é o autor de tratados capitais em matemática, mas o Bertrand Russell que defendeu o "desarmamento unilateral" da Grã-Bretanha durante a década de 1930, enquanto Hitler reerguia o poderio bélico alemão. Da mesma forma, o Noam Chomsky que nos importa aqui não é o acadêmico especializado em linguística, mas o Noam Chomsky que faz pronunciamentos de ordem política similarmente extravagantes.

Em 1933, durante uma visita aos Estados Unidos, George Bernard Shaw disse: "Vocês americanos têm tanto medo de ditadores. A ditadura é a única maneira que o governo tem para realizar as coisas. Vejam a bagunça que a democracia nos deixou. Por que vocês temem a ditadura?". Ao sair de Londres para passar as férias na África do Sul, em 1935, Shaw declarou: "É bom sair de férias sabendo que Hitler deixou as coisas na Europa tão bem estabelecidas". Embora, no final, as políticas antissemitas de Hitler tenham indisposto Shaw com o nazismo, o famoso dramaturgo permaneceu ao lado da ditadura soviética. Em 1939, depois do pacto germano-soviético Shaw disse: "Hitler está sob a poderosa influência de Stalin, cuja predisposição para a paz é impressionante. E a todos, menos a mim, assusta a sagacidade deles".

A lista de intelectuais prestigiados que dispararam as mesmas afirmações absolutamente irresponsáveis e também defenderam posições desesperadamente perigosas, irreais e precipitadas poderia se estender quase indefinidamente. O que foi dito sobre John Maynard Keynes por seu biógrafo e colega Roy Harrod valeria para muitos outros intelectuais:

> Ele falava sobre uma grande variedade de tópicos, alguns dos quais ele revelava ser um profundo conhecedor, mas em relação a outros ele apenas adaptava sua visão a partir de algumas páginas de livros que ele folheara rapidamente.

Mário Pimentel Albuquerque

Um papel central na disseminação do movimento pacifista na França foi desempenhado pelas escolas ou, mais especificamente, pelos sindicatos de professores franceses, que na década de 1920 deram início a uma série de campanhas organizadas que se opunham aos livros escolares do pós-guerra que retratassem favoravelmente os soldados franceses, os quais haviam defendido seu país contra os invasores alemães durante a Primeira Guerra Mundial. Tais textos foram cunhados de "belicosos", uma tática verbal ainda comum entre os integrantes da visão do intelectual ungido, tratando as opiniões divergentes como se fossem meras emoções, como se nesse caso apenas o estado mental de beligerância explicasse a resistência aos invasores ou se associasse àqueles que arriscaram a vida para defender a nação. As listas dos livros censurados nas escolas foram organizadas por George Lapierre, um dos líderes do SN.

Dessa forma, o que fora a heroica defesa dos soldados franceses em Verdun, um evento de proporções épicas, apesar das maciças baixas sofridas, acabou se transformando na história dos sofrimentos horríveis pelos quais passaram *todos* os soldados em Verdun, castigados pelas balas, pelas granadas, pelos gases venenosos e pelo congelamento. A história foi, então, apresentada dentro do tão almejado espírito de imparcialidade: "Imaginem a vida desses combatentes – franceses, aliados ou inimigos". Resumindo, homens que haviam sido honrados como heróis da pátria por terem sacrificado a própria vida numa luta desesperada para deter os invasores de seu país eram agora verbalmente reduzidos a *vítimas*, colocados no mesmo patamar de outras vítimas, incluindo os invasores.

Na França, o romancista Jean Giono perguntava o que aconteceria de pior, caso houvesse uma invasão alemã sobre a França. Os franceses se tornariam alemães, ele dizia. "Prefiro ser uma alemã viva a ser uma francesa morta", dizia a escritora Simone Weil, usando o mesmo raciocínio ao perguntar: "Por que a possibilidade de uma hegemonia alemã é pior do que a hegemonia francesa?".

Durante a Segunda Guerra Mundial, um dos alertas divulgados aos soldados franceses dizia: "Lembrem-se de Marne e de Verdun!". Porém isso era dito para uma geração que havia sido ensinada a ver Marne e Verdun não como lugares históricos de heroísmo patriótico dos soldados franceses, mas como lugares onde os soldados de todos os lados, tinham sido igualmente vítimas.

O comportamento da França durante a Segunda Guerra Mundial foi notadamente contrastante com o comportamento que tivera na Primeira Guerra. A França havia repelido os invasores alemães por quatro longos anos durante a Primeira Guerra Mundial, apesar de ter sofrido baixas horrendas, um número maior de baixas do que um país muito maior como os Estados Unidos jamais sofreu em qualquer guerra ou em todas elas juntas. No entanto, durante a Segunda Guerra Mundial, a França se rendeu depois de apenas seis semanas de combates, em 1940. No amargo momento da derrota, o líder do sindicato dos professores ouviu o seguinte: "Você é parcialmente responsável pela derrota". Charles de Gaulle, François Mauriac e muitos outros franceses atribuíram o desastre à falta de empenho nacional e a uma decadência moral geral, as quais podiam explicar o repentino e humilhante colapso da França em 1940.

Embora o súbito colapso da França tenha causado surpresa em todo o mundo, Winston Churchill já dissera, em 1932, o seguinte: "A França, embora armada até os dentes, é pacifista em suas entranhas". Os motivos de Hitler eram completamente diferentes dos fatores objetivos que os generais alemães consideravam. Ele baseara suas análises no comportamento dos franceses. Hitler dissera que a França não era mais a mesma França que lutara encarniçadamente nos quatro anos da Primeira Guerra Mundial, afirmando que a França atual perdera sua força combativa necessária para assegurar a vitória e que ela vaci-

Mário Pimentel Albuquerque

laria e se renderia. Isso foi, de fato, o que acabou, em geral, acontecendo. Os fatores objetivos, tais como o número e a qualidade dos equipamentos militares à disposição da França e de seus aliados britânicos, em comparação aos que estavam à disposição dos invasores alemães, levavam os líderes militares tanto na França quanto na Alemanha a concluírem, na época do início da invasão, que a França tinha as maiores chances de vitória. Contudo, Hitler já fizera, muito antes, um estudo sobre a opinião pública, assim como sobre a opinião oficial, na França e na Grã-Bretanha. As palavras e os feitos dos políticos e dos pacifistas nesses países entraram nos cálculos de Hitler. O quanto desse colapso pode ser atribuído ao importante fator que a sorte e os erros de cálculo desempenham em qualquer guerra, e o quanto pode ser atribuído a uma erosão fundamental do moral, do patriotismo e da resolução entre os próprios franceses é uma questão que dificilmente será respondida de forma definitiva.

Durante os desdobramentos da derrota francesa, Simone Weil, de ascendência judaica, apesar de ser cristã praticante, fugiu dos perigos do governo genocida dos nazistas na França e veio a morrer na Inglaterra ainda durante a guerra. Georges Lapierre, que havia encabeçado o movimento contra os textos escolares "belicosos" na França, tornou-se membro, no despertar do período da ocupação nazista, da resistência subterrânea ao domínio nazista, mas foi capturado e enviado ao campo de concentração de Dachau, onde morreu. Weil e Lapierre aprenderam com a experiência, mas o aprendizado veio tarde demais para que os poupasse, assim como a seu país, das consequências desastrosas de suas posições. Enquanto isso, Jean Giono colaborava com os invasores nazistas. Mas dentre os intelectuais franceses, ele não esteve sozinho nesse tipo de atividade.[115]

Desconstruir as tradições, os valores e as crenças, eis os meios que frequentemente emprega a *inteligentsia*;

---

[115] Thomas Sowell, *op. cit.*, passim.

aplainar o caminho para o comunismo, eis o fim a que serve sua literatura e seus discursos. Habituou-se a aliciar os incautos através da utilização indiscriminada de termos arrevesados, normalmente emprestados da ciência com vistas à empulhação das massas e à desconstrução de tudo que possa aperfeiçoá-las e defendê-las do envilecimento.

"Vastos setores das ciências sociais e das humanidades parecem ter adotado uma filosofia que chamaremos, à falta de melhor termo, de 'pós-modernismo'. Uma corrente intelectual caracterizada pela rejeição mais ou menos explícita da tradição racionalista do Iluminismo, por discursos teóricos desconectados de qualquer teste empírico, e por um relativismo cognitivo e cultural que encara a ciência como nada mais que uma 'narração', um 'mito' ou uma construção social entre muitas outras. São suas características: 1. Falar abundantemente de teorias científicas sobre as quais se tem, na melhor das hipóteses, uma ideia extremamente confusa; 2. Importar conceitos próprios das ciências naturais para o interior das ciências sociais ou humanidades, sem dar a menor justificação conceitual ou empírica; 3. Ostentar uma erudição superficial ao atirar na cara do leitor, aqui e ali, descaradamente, termos técnicos num contexto em que eles são totalmente irrelevantes. O objetivo é, sem dúvida, impressionar e, acima de tudo, intimidar os leitores não cientistas; 4. Manipular frases e sentenças que são, na verdade, carentes de sentido. Alguns destes autores exibem uma verdadeira intoxicação de palavras, combinada com uma extraordinária indiferença para com o seu significado.

Todavia, o problema mais importante é que qualquer possibilidade de crítica social que pudesse alcançar aqueles que ainda não estão convencidos se torna logicamente impossível, devido às pressuposições subjetivas. Se todos os discursos são meras 'histórias' ou 'narrativas', e nenhuma é mais objetiva ou verdadeira que a outra, deve-se então admitir que os piores preconceitos racistas ou sexistas e que as mais reacionárias teorias sócio-econômicas são 'igualmente válidos', pelo menos como descrições ou análises do mundo real (assumindo que se admita a existência do mundo real). Fica claro que o relativismo é uma base extremamente frágil sobre a qual fundar a crítica à ordem social estabelecida".[116]

Outra questão que me parece de extrema importância é a de saber com que direito um indivíduo fala em nome de todos, em quê sua voz é representativa, qual a natureza de sua autoridade e qual o limite de sua responsabilidade.

Esse direito de falar pelos outros, segundo o filósofo marxista Stanley Cavell, está no centro da filosofia da linguagem, particularmente da linguagem ordinária. Está aí, portanto, o núcleo do questionamento sobre o intelectual.

Trata-se da questão relativa ao *nós*, da capacidade de dizer *nós* a partir do *eu*; isto que constitui fazer uso da palavra e de sua respectiva responsabilidade. Responsabilidade não no sentido moral, mas no sentido de responder aos outros e de aceitar sua resposta. Como diz Cavell no seu livro *Must we mean what we say?*, não convém esquecer que o *nós* é também uma primeira pessoa; que não se pode dizer *nós* se não há um *eu*, e inversamente.

Contra a conformidade e a sujeição, Emerson e Thoreau reclamam uma vida que seja para nós, com a qual tenhamos consentido com nossa própria voz: uma vida como conversação. A justiça de Rawls, por exemplo, dá uma resposta a essa demanda, mas insuficientemente. Ora, diz Cavell, a justiça rawlsoniana excluía a ideia de uma injustiça radical, da impressão não de ter perdido num combate desigual ainda que justo, mas de ter sido excluído à partida. Ela exclui da conversação da justiça a ideia de uma classe que, no seu conjunto, é privada de voz própria, de modo que não poderia "mostrar" que a instituição é injusta a seu respeito.

---

[116] Alan Sokal e Jean Bricmont, *Imposturas intelectuais*, Rio de Janeiro, pp. 18-19-226, 1999.

Como e por que consentir com uma sociedade injusta? É certo que se está sempre dentro dela, mas isso põe fim à crítica e a torna puramente formal e hipócrita?

A questão não versa somente sobre aqueles que não falam, quem, por razões estruturais, não pode falar. Ela incide, finalmente, sobre aqueles que, podendo falar, chocam-se com a inadequação da palavra tal como lhes é dada, a saber, os intelectuais. O ideal de uma verdadeira conversação política seria aquela de uma circulação da palavra intelectual, em que ninguém fosse privado dela; em que se consagrasse a igualdade como exigência propriamente política.

Sobre o quê se funda o método que parte da linguagem ordinária? Precisamente sobre nada, nada além dos nossos usos, nossa linguagem, herdade de outros, dos *majores homines*, que são invocados nas *Investigações filosóficas* de Wittegenstein. Esse sentido de imanência da linguagem define a linguagem ordinária. Por outras palavras, o que define uma comunidade linguística é a adesão de seus membros a certos enunciados que outorgam legitimidade e autoridade. Tudo o que nós temos é o que nós dizemos e nossos acordos de linguagem: nós nos pomos de acordo não sobre palavras, mas sobre usos, como bem observou Wittgenstein.

Mas o que é esse acordo? Por que lhe dar tanto alcance? Para Cavell, a ausência radical de fundamento dessa pretensão ou dessa arrogância a "dizer o que nós dizemos" não é o resultado de falta de rigor no procedimento. É a significação do que diz Wittgenstein de nosso "acordo nos julgamentos" e na linguagem: não se funda senão nela mesma, no *nós*.

O problema consiste em saber como se juntam o *eu* ao *nós*, e inversamente.

O enigma central da comunidade e da democracia é, portanto, a possibilidade de se falar em nome dos outros e minha pretensão a fazê-lo. Para Wittgenstein, como para Austin, o ordinário não tem nada de evidente ou de imediato: ele deve ser descoberto. A filosofia da linguagem ordinária permite a Cavell invalidar a crítica do senso comum e de suas evidências admitidas, habituais aos adversários da democracia. O senso comum não é um dado, nós não o conhecemos.

É capital para Cavell que Wittgenstein diga que nós nos pomos de acordo *na* e *sobre* a linguagem. Isso significa que nós não somos os autores do acordo, que a linguagem tanto o precede quanto é produzida por ele, e que essa circularidade constitui um elemento irredutível do ceticismo, mas também uma dinâmica do acordo.

É aqui que a questão da linguagem se torna política e lembra uma parte do debate político americano do último século, notadamente a divergência entre *liberais* e *comunitaristas*. Ele versava, na realidade, sobre a relação do indivíduo com a comunidade, do *eu* com o *nós*. O que é criticado pelos comunitaristas é a insistência liberal sobre o indivíduo; o que é rejeitado pelos liberais é a afirmação dos valores e virtudes comunitárias contra a reivindicação individual.

Com a publicação de *After virtue*, em 1981, Alasdair MacIntyre atacava o liberalismo proveniente do Iluminismo, atribuindo-lhe os males da civilização moderna, e mais particularmente sua filosofia moral, impregnada de debates insolúveis e incapazes de resolver a menor questão moral concreta. MacIntyre reintroduz, assim, o questionamento moral *ordinário* no coração da reflexão política. Precisamente aqui, segundo Cavell, revela-se o caráter antidemocrático do pensamento de MacIntyre: contra o individualismo, caracterizado pela reivindicação do direito do indivíduo isolado, fundado exclusivamente na razão, destacado de toda autoridade primeira e independente de uma concepção anterior do bem, o comunitarismo quer restituir um conteúdo à reflexão moral, pelo recurso às tradições. Vê-se o fundamento presente do pensamento reacionário tal como o definiu Lindenberg:

a natureza incondicional do *eu* da moral, independente de suas condições sociais e históricas.

Ao individualismo liberal, MacIntyre opõe menos a comunidade que a tradição, definida em termos práticos. Segundo MacIntyre, é dessa maneira que é preciso conceber a moral, em geral, e as virtudes em particular: bem agir não é decidir no plano individual, mas conhecer as virtudes imanentes à tradição na qual estamos inseridos.

Na comunidade, segundo a visão conciliadora, de Wittgenstein, eu não tenho de me por de acordo: eu o estou automaticamente, sendo membro da comunidade. Cavell mostra como Wittgenstein desmonta as duas concepções do acordo, das quais nenhuma representa a realidade da conversação social. A concepção liberal contratualista considera o acordo como alguma coisa que nós realizamos num certo momento, e não vê o que nesse acordo é *dado*; a concepção comunitarista, ao revés, vê-o como o resultado de minha pertença à comunidade, que é adquirida. Constata-se, assim, que o debate liberal/comunitário repousa fundamentalmente sobre uma divisão interna da noção de acordo, entre acordo como convenção (objeto de decisão racional) e acordo como consenso (pertença a uma tradição comum). A importância da posição de Wittenstein é que ela dissolve essa divisão para definir o acordo democrático como ao mesmo tempo *dado* e *decidido*, e o problema filosófico do acordo social como o "acordo na forma de vida". A linguagem (como o conjunto de nossa forma de vida) é dada, ou seja, herdada. Mas a ideia de forma de vida não implica uma aceitação obrigatória do dado social: meu acordo ou minha pertença a *esta* forma de vida não são dados a mesmo título, em suma: nem tudo tem que ser aceito. A noção de forma de vida, diz Cavell, postula a absorção recíproca do natural e do social. Que a linguagem me seja dada não implica que eu saiba como me comportar com os outros falantes. Eu sou o único a determinar a extensão do "nosso acordo". O que constitui a comunidade para mim é minha pretensão de falar por ela, pelos outros. O nós, longe de ser dado *a priori*, é uma reivindicação democrática. A partilha sobre a qual se funda o debate liberal/comunitário, entre a voz do indivíduo e a voz da sociedade, é, pois, artificial, e se funda sobre o desconhecimento da natureza da minha pertença à comunidade. Estou sempre falando e decidindo em meu nome e em nome dos outros com vistas ao progressivo esclarecimento do conteúdo do acordo. Minha participação é que está constantemente em questão, em discussão, em *conversação*. A democracia não tem que negar sua dimensão cética. Recusá-la para impor regras, *a priori*, é correr o risco de transformá-la em seu oposto, isto é, em arbítrio totalitário. A adesão não crítica à comunidade, mito fundador do comunitarismo, nega assim um elemento central do pensamento democrático: a participação de todos na formação da vontade social e na construção do destino de cada um.[117]

Pois bem. A despeito do louvável esforço teórico de Cavell, não fica muito claro como ele pretende, na prática, assegurar o direito democrático à conversação a todos os membros da comunidade, quando se sabe que a esquerda, em nome da democracia, alija da conversa seus opositores, utilizando contra eles a ofensa moral, a calúnia e, sobretudo, o mais característico expediente esquerdista: a mentira. O próprio Cavell chama MacIntyre de adversário da democracia em razão de seu pensamento tradicionalista. O que parece óbvio é que o acordo só é possível se decorre de vontades ou formas de vida marxistas, mas, em qualquer caso, nunca de opiniões conservadoras cuja voz é sistematicamente abafada para que só se ouça a estridência monopolizadora dos intelectuais de esquerda.

Aqui o Monge pôs fim à palestra, dado o adiantado da hora, deixando, porém, alinhavado o que seria objeto de discussão na palestra seguinte: a atuação dos militantes socialistas.

---

[117] Sandra Laugier, *Faut-il encore écouter les intelellectuels?*, Paris, passim, 2003.

OS MILITANTES SOCIALISTAS

Afinal, chegamos ao fim do curso. O último dia de aula parecia reservar-nos uma grande surpresa relacionada aos desdobramentos ligados à visita da imprensa. Todos nós aguardávamos com grande expectativa o desmentido de tudo o que havia sido dito pelos manifestantes, de vez que os repórteres colheram vários depoimentos e se inteiraram definitivamente de uma realidade bem diversa daquela descrita, à sua maneira, pelo Militante e pela Filósofa.

Antes de dar início, porém, ao relato da última palestra, convém dizer algumas palavras sobre o jornalista-chefe da equipe no qual depositávamos nossa confiança e nossa esperança no esclarecimento total da verdade. Era um homem artificial; tudo nele era controlado: sua fala, seu olhar, seus gestos pareciam submetidos a uma prévia e rigorosa autocensura. Nenhum outro jornalista mostrava tão excessivo cuidado na construção regular das frases e na escolha obsessiva dos termos apropriados. Daí resultava que sua fala tinha mais pompa que elegância; sua performance, mais artifício que espontaneidade. Não era de admirar que, como jornalista e como homem, fosse tão admirado pelo público em geral. Entretanto ele era desfigurado por uma imensa rigidez e afetação inatas. Residia aí seu defeito capital. Este *grand seigneur* não sabia dizer nada com simplicidade. Parecia crer como indigno dele falar como todo mundo e imperdoável num aristocrata como ele expressar um sentimento. Por consequência, ele vivia nas nuvens, cheio de circunlóquios e de uma elegância artificial. Em cada frase, despontavam os traços do exercício e da arte: nada do natural que provém do coração e que delata a sua fonte. O que é mais surpreendente é que ele fazia profissão de admirar a simplicidade; louvava-a nos pobres e censurava sua falta nos outros, conquanto em nenhum momento desse provas de que a possuía também. Nosso jornalista ostentava uma delicadeza e um refinamento do gosto tão excessivos que poderíamos chamá-los de doentios. Mas tinha pouco calor e paixão, poucos sentimentos fortes e vigorosos no que fazia, de modo que sua frieza natural o fizera recorrer a uma forma artificial e majestosa que o distinguia de seus confrades. Quando se aventurava nos caminhos do gracejo ou nas tiradas de espírito, ou mesmo quando ria, fazia-o, não naturalmente, como um homem, mas com grande esforço, como um autômato. Esse era o homem em quem depositávamos nossas expectativas e que, no jornal da noite, iria desmascarar o Militante e sua gangue.

Com ação de graças pelo encerramento do exitoso ciclo de palestras, o Monge deu início à última, que abordaria as ações pelas quais Satã interfere nos processos políticos e sociais, através de seus militantes e ativistas.

— O homem é a mais singular entre todas as criaturas do mundo, por uma razão metafísica. Com efeito, nele podem-se observar as ações mais abjetas, os gostos mais imundos, os sentimentos mais baixos, os pecados mais torpes, as atrocidades mais cruéis e, ao mesmo tempo, as façanhas mais heroicas, as criações mais sublimes, os pensamentos mais nobres, as descobertas mais úteis e a caridade mais perfeita, tal como se veem em geral nos santos e em particular nas pessoas humildes e devotas. Nenhum outro ser do universo encerra em si essas duas possibilidades extremas, essas duas vocações contrárias, esses abismos de torpeza, esse cimo de esplendor espiritual.

Essa contrariedade nos atos decorre metafisicamente de contrariedade no *ser*, de uma oposição anunciada pelos profetas e confirmada pela experiência histórica, a demonstrar que o homem serve sempre a um senhor e dependendo de quem seja este, seus atos deverão ser contados numa das duas categorias descritas anteriormente.

Se o homem se submete a Deus, torna-se capaz de chegar com a mente até os últimos confins do mundo, de medir as estrelas mais remotas, de descobrir os princípios que regem a natureza, de dominar as forças da matéria, de julgar com justiça seu próprio opressor; de criar o *Partenon* e a catedral de Chartres, a Capela Sixtina e a *Quinta Sinfonia*, a *Odisseia* e a *Divina Comédia*, o *Hamlet* e o *Fausto*; mas se serve o inimigo de Deus, o homem pode ser mais bestial que as bestas, mais repelente que os porcos, mais tigrino que os tigres, mais venenoso que as serpentes, mais débil que os vermes, mais podre que a carniça. Tais são as características dos militantes e ativistas de Satã.

Em todas as épocas houve variação nos hábitos, nos costumes, nas leis; por toda parte, a mudança se deixou ver também na conformação dos Estados, no relacionamento entre eles, nos regimes políticos; as religiões se sucedem, guerreiam entre si, aperfeiçoam-se ou se corrompem. Só um fato permaneceu invariável: a existência de duas cidades que pelejam, que se combatem, que se ferem, pela conquista da alma do homem. Santo Agostinho denomina-as de *Cidade de Deus* e *Cidade do Mundo*, cada qual com suas leis, seu governo, seu exército, sua milícia. A primeira serve a Deus; a segunda, ao diabo. Cabe ao homem optar por servir a um ou a outro; escolher entre o alistamento na milícia divina ou a conscrição no exército infernal. Sobre os que optaram pela última alternativa, ou seja, pelos militantes e ativistas de Satã, versará esta última palestra. Não sobre todos eles, é claro, pois são variadíssimas suas funções, e assaz dissimuladas suas identidades. Direi alguma coisa sobre aqueles que, de modo geral, promovem tumultos e guerras, espalham o ódio e o terror, derramam sangue, seduzem as massas e subvertem as instituições. "Quem quer que estude a vida de cada um deles descobrirá que Voltaire, Diderot, Jean-Jacques Rousseau, Sade, Karl Marx, Tolstoi, Bertolt Brecht, Lenin, Stalin, Fidel Castro, Che Guevara, Mao Tsé-Tung, Bertand Russell, Jean-Paul Sartre, Max Horkheimer, Theodor Adorno, Georg Ludács, Antonio

Gramsci, Lillian Hellman, Michel Foucault, Louis Althusser, Norman Mailer, Noam Chomsky e *tutti quanti* foram indivíduos sádicos, obsessivamente mentirosos, aproveitadores cínicos, vaidosos até a demência, desprovidos de qualquer sentimento moral superior e de qualquer boa intenção por mais mínima que fosse, exceto talvez no sentido de usar as palavras mais nobres para nomear os atos mais torpes. Muitos cometeram assassinatos pessoalmente, sem jamais demonstrar remorso... Em suma, o panteão dos ídolos do esquerdismo universal era uma galeria de deformidades morais de fazer inveja à lista de vilões da literatura universal. De fato, não se encontrará entre os personagens de Shakespeare, Balzac, Dostoiévski e demais clássicos nenhum que se compare, em malícia e crueldade, a um Stalin, a um Hitler ou a um Mao Tsé Tung".[118]

Toda a dinâmica da política presente, representada por conservadores x revolucionários, resume-se a dois modos de sentir ou perceber a temporalidade do ser humano. Os primeiros julgam os que já morreram, com suas instituições e suas leis, como os mais sábios, mais fortes, mais heroicos e geniais que nós; os que ainda não nasceram, os últimos os veem como mais felizes, mais justos, mais solidários e avançados que nossos contemporâneos. A inferioridade do presente é o axioma implícito na opinião de todo aquele que está nele e o vive. Uns acentuam a pujança do passado, outros o esplendor do futuro, mas tanto os nostálgicos das épocas douradas quanto os utópicos do amanhã estão de acordo em reconhecer a inferioridade do tempo em que pensam e escrevem.

Se bem nascidas de idêntica percepção (a inferioridade do presente), essas duas posturas têm consequências dramaticamente diversas: os conservadores, na medida em que conhecem o passado, podem aproveitar o que nele havia de bom e reformar o presente na perspectiva de um futuro melhor; os revolucionários, que rejeitam o passado

---

[118] Olavo de Carvalho, *O mínimo que você precisa saber para não ser um idiota, op. cit.*, p.149.

e o presente e desconhecem o futuro, têm de começar do zero e apostar num porvir incerto e totalmente idealizado, cujo eventual malogro pode representar o sacrifício de milhões de vidas humanas.

Essas duas posturas antagônicas têm também duas estratégias diversas: a conservadora quer atingir seu objetivo mediante reformas pacíficas, através das quais o passado e o presente se combinem harmoniosamente segundo um processo ascendente de paz e prosperidade; a revolucionária, para instaurar uma nova ordem, tem que destruir o passado e o presente e calar toda resistência atual e futura, de forma que sua estratégia não pode ser outra senão a luta permanente, eventualmente a guerra, mas, em qualquer caso, a morte ou o genocídio.

Através de uma rede organizada de fanáticos, como jamais se vira antes na história, os mais variados tipos de ativistas perseguem um objetivo indecente e malsão, que a experiência demonstrou tantas vezes ser inútil, desarrazoado e cruel.

Como todo mundo sabe, grande parte dos animais selvagens vive da insaciável sede de sangue de suas vítimas. O mesmo sucede ainda com os homens. Fazê-los semelhantes àqueles, e não mais a Deus, eis a realização apoteótica da obra satânica, materializada no socialismo. Com efeito, o instinto da predação e da rapina por meio da violência ou da astúcia é ainda o meio corrente de política interna e externa nos países socialistas. Em alguns deles, pervivem antiquíssimas formas de bandoleirismo à mão armada, submetidas ao Partido, e de conquista militar – acompanhadas quase sempre de saques e anexações –, ainda que não se desprezem os expedientes mais triviais da criminalidade contemporânea, como o terrorismo, o sequestro, o genocídio, o estelionato, a calúnia etc.

O homicídio segue florescente na parte do mundo sujeita à ditadura comunista. Qualquer motivo ou pretexto é bom para eliminar nossos semelhantes; a inveja ou a política, a crença ou a vingança, mas sempre o ódio e o sadismo dissimulado dão azo a matanças, perseguições, fuzilamentos, sem falar nos homicídios "profiláticos", perpetrados contra dissidentes, como se pode comprovar lendo a história recente e os jornais de cada manhã.

Esse clima de terror sangrento seria impossível sem os soldados e oficiais do exército de Satã, a quem chamamos eufemisticamente de ativistas ou militantes comunistas, cujas obras rivalizam com as de Calígula, Nero, Heliogábalo, Hitler e de outros favoritos do inferno. São múltiplas e complexas suas funções e atribuições, insuscetíveis, por isso, de uma classificação rigorosa. De qualquer modo, essa expressão cobre uma vasta gama de indivíduos que têm em comum a tarefa de realizar, propiciar, favorecer, fomentar e impor a ideologia e a prática do comunismo ou a manutenção dele, a despeito da liberdade e das garantias do livre exercício dos direitos individuais.

Por obra desses ativistas de esquerda, de dois séculos para cá vêm ocorrendo no Ocidente várias revoluções que poderíamos chamar também de *copernicanas*, palavra derivada do nome daquele que anunciou e preparou a primeira, ou seja, aquela que alterou a relação da Terra com o Sol. São copernicanas porque essas revoluções consistem numa alteração ou subversão das relações tradicionais ou convencionais, como seria, por exemplo, dar ao jovem o lugar do idoso e pôr o servo acima do senhor.

Depois que Kant inverteu a antiga relação entre o ser e o conhecer, sustentando que o *a priori* do pensamento determina as formas daquilo que chamamos a realidade, a esquerda hegeliana – Feuerbach, Strauss e Stirner – realizou outra revolução, que se propôs substituir Deus pelo homem, isto é, declarar o homem como criador e como o verdadeiro dono do universo. Essa revolução desencadeou outra, a marxista, segundo a qual as produções espirituais, que antes de Marx pareciam ser as causas primeiras e superiores, converteram-se, com a teoria do materialismo histórico, em consequências necessárias dos fenômenos econômicos.

Pode considerar-se como uma revolução do mesmo estilo o existencialismo marxista, o qual, contra o culto exclusivo do conceito universal, próprio da filosofia de todos os tempos, afirmou o primado do eu individual e concreto, vale dizer, da pessoa singular sobre a ideia abstrata.

Quase ao mesmo tempo, triunfou o pedocentrismo de Paulo Freire, que repetiu os devaneios de Rousseau, autor do *Emílio*, para o qual o aluno deve se sobrepor ao mestre, como protagonista e motor da escola.

Também pode ser considerada uma revolução copernicana o ecologismo, movimento internacional que pugna por uma equação bizarra entre o homem e a natureza, em que aquele deve abrir mão do desenvolvimento econômico em favor desta. "Se tivesse havido, diz Paul Johnson, uma reação ecológica poderosa na Inglaterra do Século XVIII, não acreditamos que a Revolução Industrial acontecesse – e o mundo ocidental ainda estaria condenado aos padrões de vida da era pré-industrial".[119]

A revolução sexual responde por uma profunda alteração na relação homem/mulher, de tal modo que ser um ou outra não constitui uma característica humana determinada biologicamente. Ser macho ou ser fêmea depende agora de fatores culturais e circunstanciais, fato que desafia a racionalidade da natureza, racionalidade que dá forma não só a cada indivíduo, mas ao conjunto inteiro da criação, em que todas as peças se encaixam harmoniosamente, em que todas se conjugam de modo admirável.

Igualmente pode ser julgada como revolução copernicana a manipulação da linguagem, como forma de subversão da realidade moral. Como as pessoas mentalmente sãs não comungam com as extravagâncias revolucionárias, passa-se a alterar o nome das coisas, em ordem a assegurar a paulatina aprovação de uma conduta claramente imoral; daí a enxurrada de termos politicamente corretos, tais como *interrupção voluntária da gravidez, profissional*

---

[119] Paul Johnson, *Inimigos da sociedade*, Rio de Janeiro, p. 87, s/d.

do amor etc. Para que se faça uma ideia do perigo que está embutido na manipulação da linguagem, há poucos anos se inventou o *Dia Internacional do Amor à Criança*, promovido pelo Nambla (North American Man/Boy Love Association), para difundir a pedofilia. É muito importante não ceder no uso da linguagem porque todos aqueles que buscam atacar algo ou impor uma nova conduta procuram, antes, semear a confusão terminológica e linguística.[120]

"Desde seus primeiros dias, o movimento comunista lutou com a linguagem e apreciou as teorias marxistas parcialmente porque forneciam rótulos convenientes para marcar amigos e inimigos e dramatizar o conflito entre eles. E esse hábito se provou contagioso, de modo que todos os movimentos de esquerda subsequentes foram, em certa extensão, maculados por ele. O sucesso desses rótulos na marginalização e condenação dos oponentes fortaleceu a convicção comunista de que era possível modificar a realidade modificando as palavras. Era possível criar uma cultura proletária apenas inventando a palavra *proletkult*. Era possível criar o fim da economia livre simplesmente gritando 'crise do capitalismo' toda vez que o assunto surgisse.

A novilíngua ocorre sempre que o objetivo primário da linguagem – descrever a realidade – é substituído pelo objetivo rival de exercer poder sobre ela. O fundamental ato de fala é apenas superficialmente representado por essa gramática assertória. As sentenças da novilíngua soam como asserções, mas sua lógica subjacente é a do sortilégio. Elas conjuram o triunfo das palavras sobre as coisas, a futilidade do argumento racional e o perigo da resistência. Como resultado, a novilíngua desenvolveu sua própria e especial sintaxe, que – embora proximamente relacionada à sintaxe empregada nas descrições comuns –

---

[120] Francisco José Contreras e Diego Poole, *Nueva izquierda y cristianismo*, Madri, p. 138, 2011.

evita cuidadosamente qualquer encontro com a realidade ou exposição à lógica do argumento racional".[121]

Há revolução copernicana na filosofia, quando a filosofia se converte em ideologia.

No fundo, ou até mesmo descaradamente, há muita gente que pensa que se alguém está de um lado, necessariamente está equivocado, diga o que disser. Ao contrário, ainda que diga a mesma coisa, seu discurso merecerá certo respeito se pertencer a determinado partido ou ideologia. E, assim, não se pergunta a ninguém o que pensa sobre determinado tema, mas de que partido é, e então se prejulga seu pensamento. Como consequência do relativismo, politiza-se o conhecimento: o filosófico, é claro, mas também o científico-experimental.

Mas o certo é que uma afirmação sobre a existência de uma realidade só será verdadeira se essa realidade existe, e falsa, se não existe. Não é por isso uma afirmação de direita ou de esquerda, democrática ou antidemocrática. Em bioética, por exemplo, às vezes se chegou ao extremo de dizer que os que defendem as experiências com células tronco são de esquerda, enquanto que os que dizem que é melhor experimentar só com células adultas são de direita. Isso é um insulto à inteligência, à capacidade de julgar sobre a verdade ou falsidade das coisas. O mesmo se passa com a existência de Deus: ou existe ou não existe, mas é absurdo pensar que "para mim não existe, enquanto que para ti, sim"; ou, pior ainda, dizer que é de direita afirmar que existe Deus, e de esquerda, negá-lo. A verdade não é de esquerda nem de direita, não é progressista nem conservadora, não é moderna nem antiga: é simplesmente a adequação da mente com a realidade.[122]

A revolução copernicana na concepção dos valores. O relativismo sustenta que os fins se convertem em valores pelos simples fato de serem escolhidos pelos homens. E

---

[121] Roger Scruton, *Tolos, fraudes e militantes. Pensadores da nova esquerda*, Rio de Janeiro, pp. 20-21.
[122] Francisco José Contreras e Diego Poole, *op. cit.*, p. 137.

quanto mais desejados, mais valiosos. É realmente assim? Os fins são valiosos? O senso comum nos dá uma primeira resposta: se todos os fins a que os homens se propõem fossem igualmente legítimos, tão valiosos seriam os apetites complementares de dois sadomasoquistas no momento de suas relações sexuais, quanto o propósito da Madre Teresa de Calcutá na hora de atender aos enfermos.

Frente ao relativismo, podemos dizer que os valores não são valiosos pelo simples fato de serem desejados pela vontade, mas porque sua consecução nos faz realmente melhores pessoas. Dito mais claramente, os valores derivam sua validez do fato de serem verdadeiros e corresponderem a exigências verdadeiras na natureza humana. Portanto podemos entender o valor como aquela verdade sobre o homem que inspira o comportamento de uma pessoa; e o valor será tanto mais valioso quanto melhor pessoa a faça.[123]

A revolução copernicana atingiu também a família. O que a cultura ocidental (e quase todas as demais) entendeu sempre por "família" sobrevive a duras penas, regredindo sempre. "Casamento e família", diz Joseph Ratzinger, "são cada vez menos formas sustentadoras da comunidade estatal, e são substituídos por múltiplas formas de convivência, amiúde efêmeras e problemáticas". "A volatilidade dos casais, a reticência em contrair matrimônio, a alta taxa de divórcios, o implícito desprestígio da 'família tradicional' (apresentada como anacrônica e pouco atrativa, em contraste com 'novos modelos de família' – monoparental, homossexual, 'recomposta', de fato etc. – alardeados como modernos e interessantes) etc., determinam que a situação na qual viveu e se educou a geração passada esteja se convertendo numa raridade estatística em muitos países do Ocidente".[124]

Essas e outras revoluções assemelhadas são encomendadas a diversos segmentos sociais que, por espírito de concisão, chamo aqui de militantes e ativistas. Todos

---

[123] Francisco José Contreras e Diego Poole, *op. cit.*, p. 134.

[124] Francisco José Contreras e Diego Poole, *op. cit.*, p. 208.

eles clamam por tolerância. "Mas a tolerância só é possível se aceitamos que existe uma diferença real entre o verdadeiro e o falso, entre o melhor e o pior e, sobretudo, se aceitamos que toda pessoa merece respeito ainda que se equivoque. A tolerância não pode se fundamentar no relativismo, em que tudo pode ser igualmente verdadeiro ou falso. Funda-se no respeito que por natureza merece todo ser humano. Se a tolerância não se apoia sobre o valor objetivo da dignidade de cada qual, mas só sobre a igual capacidade de todos de conhecer a verdade, então, mais que de tolerância, deveríamos falar de indiferença. A indiferença é uma falta de respeito. Entre a indiferença e o respeito há uma relação de antonímia. No respeito, o outro aparece em sua dignidade, como alguém valioso. E esta é a condição primeira da construção social, muito anterior à tolerância.

Por outro lado, o fato de que a opinião do outro me pareça equivocada, não significa que o despreze. Se verdadeiramente o desprezasse, não lhe diria nada. A mentalidade relativista induz a pensar que quando alguém se opõe à opinião de outro, o está desprezando, como se a convivência, em vez de ser entre pessoas, fosse entre posições especulativas. Precisamente por isso, com o relativismo desaparece o verdadeiro debate intelectual, porque tudo se entende em clave de ataques ou de aplausos. A tolerância é uma qualidade das pessoas, não das ideias. As ideias podem ser verdadeiras ou falsas, mas não tolerantes ou intolerantes".[125]

Os militantes socialistas são os mesmos através dos séculos, porque é a mesma a fonte da qual retiram sua inesgotável energia, sua finalidade sanguinária e sua doutrina pervertida: Satã. Vejam, por exemplo, como esta última se insinuou por entre os povos incautos do Ocidente, habilmente orquestrada por missionários satânicos, cujas sórdidas biografias demonstram a hediondez de suas linhagens. Intelectuais, jornalistas, professores e artistas

---

[125] Francisco José Contreras e Diego Poole, *op. cit.*, pp. 153-154.

beberam a grandes goles as lições deletéreas de Gramsci, Reich, Marcuse e Foucault e com elas empanturraram a imaginação das crianças e dos jovens, condenando-os à estupidez irreversível. Essa manipulação da juventude se processou silenciosamente durante cinquenta anos e, contudo, alterou a natureza de nossa civilização cristã até torná-la irreconhecível.

Esse é somente um dos legados do socialismo moderno. Sua penetração na trama de nossa cultura se tornou quase total, e só não infeccionou a totalidade dela em razão da resistência que lhe opõe a Igreja. Armadas com o que dizem ser a verdade universal e inelutável do marxismo, as hostes socialistas puseram seu selo ideológico em praticamente toda a vida contemporânea: ciência, arte, educação, religião (teologia da libertação), direito (ativismo judicial), família, linguagem (politicamente correto, metonímias, falácias), economia, governo, e até arquitetura. Tal como o fizeram durante séculos os religiosos, os burocratas socialistas assumiram agora o papel de supremos cães de guarda que determinam o que queremos e mandam o que vamos fazer. Não só lhes confiamos a composição dos conflitos privados, como também abrimos as portas de nossas casas para que estabeleçam as relações entre marido e mulher e fixem inapelavelmente as diretrizes da educação dos jovens, suas vítimas naturais e preferidas.

Na visão dos socialistas, os problemas humanos já não são considerados variações normais de caprichosos giros do destino. Agora os vemos como os produtos da insuficiência do mercado. Até somos levados a crer que não existiria o fracasso, o crime, a malevolência e a infelicidade, se a concorrência fosse suprimida e se a ambição fosse extirpada. Mas se os homens pelo falso apego ao mérito e ao talento próprios quiserem se destacar dos demais; se insensíveis e surdos às recomendações pelas quais o plano lhes fixa previamente um lugar na cadeia produtiva, então eles darão ensejo pela cobiça a toda sorte de desigualdades e injustiças sociais. Como a maioria de nós comprova que esse estado ideal é frustrado pelas pressões da vida, a militância socialista nos oferece seu remédio fundamental e característico: a *engenharia social*.

A manipulação da mente foi um dia uma "prerrogativa" do louco, mas agora se democratizou. Qualquer cidadão se sente confortável com ela, até mesmo a busca. São milhões os que recebem os influxos da engenharia social a cada ano sob uma multidão de formas, desde uma mensagem aparentemente inocente na mídia até as campanhas governamentais, passando pelo trabalho eficiente de certas Ongs.

Em vez de aumentar nossa estabilidade como cultura, a agenda socialista, paradoxalmente, acelerou a tendência do homem para a radicalização de sentimentos que já haviam sido erradicados pelo trabalho incessante de religiosos e filósofos cristãos: a predação sanguinária nas guerras e revoluções, e ódio mortal entre as classes sociais.

A bem da verdade, o socialismo tem todas as características inequívocas de uma nova e poderosa religião. Quando o homem perde a fé no que diz sua religião, necessita ele então de uma crença de reposição tão respeitável no presente século quanto o cristianismo o foi nos séculos passados. Pois bem, o socialismo assumiu esse papel especial. Oferece uma crença de massa, a promessa de um futuro melhor, uma instituição poderosa e hierarquicamente organizada, o sacramento da igualdade e o sacerdócio de militantes aos quais se transfere o poder de formar "homens novos", vocacionados à obediência e à servidão.

O socialismo não só pretende ocupar o vazio deixado pelo cristianismo, como criou conceitos dogmáticos paralelos aos da revelação cristã. A ideia religiosa tradicional do *pecado mortal* está se tornando obsoleta, mas o conceito socialista de *dissidência* mantém a ideia quase intacta.

Depois de uma rigorosa catequização e de um incessante patrulhamento, a engenharia social dá seus mais selecionados frutos justamente nos solos férteis da América Latina. Quis Deus, em sua insondável misericórdia, que eles se dessem a conhecer, de plano, através de aspectos generalíssimos e gestos inconfundíveis: são desasseados (aliás, essa é uma característica reveladora dos filhos de Satã), rudes, ignaros, temperamentais, truculentos, poltrões, fanáticos e, é claro, todos puxam o pai, são mentirosos e homicidas. Com todos esses "predicados", o homem socialista abandona a dimensão comunicativa da sociedade e se crê irresponsável.

"O que atrai a mente esquerdista com paixão é um mundo cheio de dó, sofrimento, necessidade, pobreza, desconfiança, ira, exploração, discriminação, vitimização, alienação e injustiça. Os que ocupam esse mundo são "trabalhadores", "minorias", "pequeninos", "mulheres" e desempregados. Eles são pobres, fracos, doentes, errantes, enganados, oprimidos, desprivilegiados, explorados e vitimizados. Eles não têm responsabilidade por seus problemas. Nenhuma de suas agonias é atribuível às suas próprias falhas ou erros: nem as escolhas erradas, hábitos ruins, falhas de julgamento, pensamentos fantasiosos, falta de ambição, baixa tolerância à frustração, doença mental ou defeitos no caráter. Nenhuma das condições das vítimas é causada por falhas no planejamento futuro ou no aprendizado por experiência. Em vez disso, as "causas raízes" de toda essa dor estão nas condições sociais defeituosas: pobreza, doença, guerra, ignorância, desemprego, preconceito racial, discriminação étnica e de gênero, tecnologia moderna, capitalismo, globalização e imperialismo. Na mente esquerdista radical, esse sofrimento é infligido sobre o inocente por vários predadores e perseguidores: "os grandes negócios", "as grandes corporações", "os capitalistas gananciosos", os "imperialistas", "os opressores", "os ricos", "os milionários", "os poderosos" e os "egoístas".

A cura esquerdista para esse mal sem fim é um governo autoritário muito grande que regule e gerencie a sociedade através de uma agenda de cuidados redistri-

AS PALESTRAS DO MONGE

butivos do berço à sepultura. É um governo que está em todo lugar e faz tudo para todos. O lema esquerdista é: "No Governo Confiamos". Para resgatar as pessoas de suas vidas atribuladas, a ideologia recomenda a negação da responsabilidade pessoal, encoraja a autopiedade, fomenta a dependência do governo, promove a entrega sexual, racionaliza a violência, dispensa a obrigação financeira, justifica o roubo, ignora a grosseria, prescreve a reclamação e as atribuições da culpa, denigre o casamento e a família, legaliza todos os abortos, desafia a tradição religiosa e social, declara a desigualdade injusta e rebela-se contra as obrigações da cidadania. Através de múltiplos direitos a bens, serviços e *status* sociais não merecidos, o político de esquerda promete garantir a todos o bem-estar material, fornecer a todos o cuidado médico, proteger a autoestima de todo o mundo, corrigir todas as desvantagens sociais e políticas de todos, educar cada cidadão e eliminar todas as distinções de classe. Com os intelectuais de esquerda compartilhando a glória, o político de esquerda é o herói nesse melodrama. Ele recebe o crédito por dar aos seus eleitores tudo o que eles querem ou precisam, ainda que ele não tenha produzido com os seus esforços nenhum desses bens, serviços ou *status* transferidos, mas na verdade os tomou de outros à força.[126] Não é difícil ver aí os sintomas que definem psicopatias associadas ao desejo incontrolável de se apossar do poder ou, ao menos, de participar dele. Quando esse desejo é satisfeito, ou por via constitucional ou por revolução, começam, desde então, a amadurecer as condições necessárias e suficientes para a irrupção de um fenômeno descrito pela psicologia social que, mais cedo ou mais tarde, terminará por paralisar a sociedade e tornar refém a população indefesa: a *patocracia*.

Nessa forma degenerada de fazer política, o governo e os parlamentos são povoados por gente da mais baixa extração, inclinada por temperamento e formação ao vozerio, ao açodamento e às arruaças. Centenas de pretensos

---

[126] Dr. Lyle H. Rossiter, *A mente esquerdista*, Campinas, pp. 405-406, 2016.

Mário Pimentel Albuquerque

sábios de ambos os sexos se reúnem em recintos suntuosos, outrora veneráveis, para participar de imaginárias vicissitudes partidárias, às quais se dá o nome de "interesse público", com frequência bestiais ou grotescas, mas sempre regiamente pagas e cobiçadas. Mas o que assombra e desconcerta o observador racional é o descomposto e crescente frenesi que arrebata os membros de um partido assim que o adversário apresenta uma medida ou oferece uma sugestão. Parecem tomados, subitamente, de um furor histérico ou epiléptico: agitam-se como derviches, retorcem-se bruscamente imitando os movimentos descompassados dos hominídios, tudo isso acompanhado de urros, berros, ameaças, blasfêmias, cusparadas, bramidos alegres e rugidos raivosos, até que, exaustos, febris e quase apalermados, param por um momento, mas para logo retomarem, ao primeiro sinal de uma cacofonia bárbara, seus estremecimentos coléricos e suas imprecações convulsivas.

Há, pelo menos, cem anos, crê-se que o espírito revolucionário e o despotismo estão diretamente associados aos transtornos mentais. "No livro *Etudes sur la selection*, que fez um grande sucesso no fim do século XIX, Jacoby examinou de uma maneira especial e profundamente a degenerescência produzida nas famílias soberanas pelo exercício do poder absoluto. Dessa longa e conscienciosa pesquisa, uma conclusão brota espontânea e irrefutavelmente: em toda parte e sempre a embriaguez pelo poder total e absoluto contribuiu, em grande parte, para a degenerescência e depois para a extinção das dinastias soberanas. Os estudiosos observaram que a degenerescência, antes de se manifestar por taras físicas ou por transtornos profundos do sistema nervoso, ataca inicialmente as faculdades mais eminentes do cérebro. É o *senso moral* que é atacado primeiro. A hipertrofia do eu destrói todo sentimento desinteressado, todo devotamento, toda honestidade. A ambição se expande excessivamente, ao passo que os sentimentos afetivos se enfraquecem ou sofrem desvios mórbidos. Certas qualidades da inteligência podem conservar a sua força, mas elas carecem de contrapeso. Homens de um incontestável gênio, grandes capitães como César ou Napoleão, grandes administradores como Augusto, eram desprovidos da mais vulgar honestidade; eram portadores da doença que com muita propriedade se chamou de *idiotia moral*".[127]

Esses idiotas morais, como Hitler ou Stalin, dependem, para chegar ao poder, ou se manter nele, de homens de confiança, faltos de sentimentos morais e igualmente psicopatas: os militantes *patocratas*.

"A patocracia não parece resultar de quaisquer leis relativamente constantes da história; muito pelo contrário, algumas circunstâncias e fatores adicionais devem participar em tal período de crise espiritual generalizada da sociedade e fazer que com sua razão e sua estrutura social degenerem de tal modo que acabem provocando a geração espontânea dessa terrível doença da sociedade... Uma parte significativa e ativa desse grupo é composta por indivíduos com várias anomalias, que imaginam esse mundo melhor de um jeito próprio, com o qual já somos familiares. Quem representa o papel crucial nesse processo de origem da patocracia, os esquizoides ou os caracteropatas? Parece que são os primeiros... Os caráteres esquizoides ajudam a impor o seu próprio mundo conceitual sobre as outras pessoas ou grupos sociais, usando um egotismo patológico relativamente controlado e uma tenacidade excepcional, derivada de sua natureza persistente... Eles são pessoas psicologicamente *solitárias*, que começam a se sentir melhor em alguma organização humana, nas quais se tornam zelotes de alguma ideologia, religiosos intolerantes, materialistas ou partidários de uma ideologia com características satânicas... A convicção de que Karl Marx é o melhor exemplo disso é correta, já que ele foi a figura conhecida que melhor se adapta a esse tipo. Frostig, um psiquiatra da velha escola, inclui Engels e outros em

---

[127] J. Paul Milliet, *La dégénérescense bachigue et la nevrose religieuse dans l'antiquité*, Paris, pp. 112-113, 1901.

uma categoria que ele chamou de "fanáticos esquizóides barbudos"... O padrão simplificado de ideias, desprovido de tom psicológico e baseado em dados que podem ser encontrados facilmente, tende a exercer uma influência atrativa intensa nos indivíduos que não são suficientemente críticos, frequentemente frustrados por causa de seus ajustamentos sociais decrescidos, culturalmente negligenciados, ou caracterizados por algumas deficiências psicológicas próprias de si mesmos. Tais escritos são particularmente atrativos para uma sociedade histerizada... A *aceitação patológica* é manifestada por indivíduos com insuficiências patológicas próprias: deficiências diversiformes, sejam elas herdadas ou adquiridas, bem como por muitas pessoas que sofrem de deformações da personalidade ou que têm sido prejudicadas por injustiças sociais. Isso explica por que esse escopo é mais amplo do que o círculo formado pela ação direta dos fatores patológicos. A aceitação patológica de escritos ou de declarações esquizoidais por outras pessoas com desvios sempre brutaliza os conceitos do autor e promove ideias de força e de pretensões revolucionárias... No processo ponerogênico do fenômeno da patocracia, os indivíduos caracteropatas adotam ideologias criadas por pessoas doutrinárias e frequentemente esquizoides, remodelam essas ideologias na forma de propaganda ativa e as disseminam com seus egotismos patológicos característicos e sua intolerância paranoica por qualquer filosofia que seja diferente da sua própria... Sob tais condições, nenhuma área da vida cultural pode se desenvolver normalmente, seja na economia, cultura, ciência, tecnologia ou administração. A *patocracia progressivamente paralisa tudo*... A esquizoidia tem, assim, um papel essencial como um dos fatores de gênese do mal que ameaça o nosso mundo contemporâneo. Praticar a psicoterapia sobre o mundo, portanto, exige que os resultados de tal mal sejam eliminados tão habilmente quanto for possível.[128]

---

[128] Andrew Lobaczewski, *Ponerologia: psicopatas no poder*, Campinas, passim, 2014.

AS PALESTRAS DO MONGE

Afinal, é tempo de fornecer uma definição aproximada de militância socialista; é aproximada porque leva em conta somente as características mais gerais de um fenômeno rico em nuances e particularidades, as quais tive que desprezar em favor da concisão, para que os limites a que me propus, ao projetar esta palestra, não fossem ultrapassados. De qualquer modo, a experiência da militância revela que "o esforço de deduzir do complexo de ideias totalizantes a possibilidade política de realização da suposta verdade absoluta é proporcional à possibilidade de realização do mal radical. O mal radical produzido pelos regimes totalitários foi expressão de uma verdade igualmente radical e que se pretendia absoluta – principalmente para quem o realizava, pois acreditava piamente estar realizando a mais nobre das verdades, ser o porta-voz dessa verdade. O otimismo epistemológico, nesse caso, caracteriza-se como uma das raízes desse tipo de regime, já que o esforço de autopreservação narcisista da verdade vivenciada como absoluta aniquila tudo aquilo que não se parece com ela. Quando equivocadas, as crenças literalmente destroem.

O historiador inglês Timothy Snyder, em seu livro *Terras de sangue*, fornece-nos uma pequena amostra da realização desse pesadelo no mundo em nome do triunfo da verdade – é um caso extremo, porém muito significativo:

Como um exército invasor, os militantes do partido viviam da terra apanhando tudo o que podiam e comendo até se fartarem, encontrando à sua frente apenas miséria e morte no entusiasmo de sua missão. Talvez devido aos sentimentos de culpa, talvez aos sentimentos de triunfo, eles humilhavam camponeses por onde passavam. Urinavam nos barris de alimentos em conserva, ordenavam os famintos camponeses a se esmurrarem uns aos outros para que se divertissem, faziam-nos ficarem de quatro e latir como cachorros, eles os forçavam a se ajoelhar na lama e rezar. As mulheres surpreendidas roubando numa fazenda coletiva eram despidas, espancadas e arrastadas nuas pela aldeia. Numa dessas aldeias, a brigada se

Mário Pimentel Albuquerque

embriagou na casa de um camponês e sua filha foi vítima de um estupro coletivo. As mulheres que viviam sozinhas eram rotineiramente estupradas à noite, sob pretexto de confisco de grãos – e após terem violentados seus corpos, roubavam-lhes todos os mantimentos. Era este o triunfo da lei de Stalin e do Estado stalinista".[129]

---

[129] Francisco Razzo, *A imaginação totalitária*, Rio de Janeiro, pp. 118-119, 2016.

APOLOGIA AO ASSALTO. LEGIÃO OUTRA VEZ

Concluída a palestra, o Monge agradeceu a participação de todos, especialmente a presença dos homens da imprensa, os quais cumprimentou com a costumada cortesia. Logo após se retirou.

Estávamos a ponto de nos retirar também quando soubemos de uma convocação inesperada: tratava-se de uma aula magna que seria ministrada por uma catedrática em filosofia e ciências sociais, cujo tema me soou algo extravagante: *A importância do assalto para o progresso social e o ofício do ladrão*. Esse evento tinha um duplo objetivo: dava início a um ciclo de estudos sobre problemas sociais brasileiros e servia de ocasião para o lançamento do livro da palestrante, que tinha o mesmo título de sua aula magna.

A catedrática era jovem, despachada, algo coquete, tinha, enfim, todos os atributos que nunca se podem esperar de uma profissional da ciência tão erudita e nacionalmente reconhecida.

Com um exemplar de seu livro na mão, a autora começou a falar:

— Este livro que tenho nas mãos é de suma importância para que se compreenda bem o fenômeno sobre o qual se discute com tanta paixão e nenhuma serenidade: o *assalto*. Não só trato o tema com imparcialidade e pureza de método, como procuro demonstrar também que a questão que nos ocupa requer providências urgentes, a maioria das quais sugiro nesta obra.

O meu livro explica minuciosamente, em trinta capítulos, os diversos modos e sistemas de furto, roubo e latrocínio, desde os casos de "saidinha" de bancos até os mais graves, de arrastões. Em suma, nada foi esquecido relativamente ao *modus operandi* dessa tão injustamente execrada quanto desconhecida atividade humana.

Não é fácil nem seguro tirar do outro o que se quer para si; as tragédias que se devem a essa simples operação de transferência de bens respondem a reações imprevistas e desproporcionais de vítimas preconceituosas.

Até hoje, o ladrão foi tratado com desprezo ou amadoristicamente: os juristas tratam-no como digno de punição, o novelista como objeto de zombaria. O Raskolnikof, de Dostoievski, é mais célebre pelos homicídios que cometeu do que pelos roubos que praticou. Até mesmo o grande Kierkegaard imaginou, com sua malsinada obra de juventude, *O grande ladrão*, penetrar na essência desse agente social marginalizado, mas o fez de modo estritamente filosófico e quiçá poético.

Meu livro percorre outros caminhos e vislumbra outras metas. Ao contrário dos juízes e moralistas, percebo no ladrão outros aspectos que eles não levam em conta no momento de condená-lo. Procuro ser estritamente técnica: não crucifico nem coroo. Quero apenas demonstrar, com rigor científico e lógica honestidade, que todas as artes idealizadas pelos homens para transferir a propriedade de certos bens sem o respectivo pagamento fazem aumentar a circulação da riqueza, cuja espiral é rompida por circunstâncias alheias ao andamento das leis do mercado. Por que essas leis só beneficiam os banqueiros e empresários?

A atuação desastrada da polícia e o número insuficiente de ladrões impedem que esse ofício milenar represente uma parte significativa do PIB. Mas o nosso partido está ciente da situação e promete revertê-la tão logo se apresente a ocasião favorável.

De mais a mais, com a educação que se dispensa hoje nas escolas e universidades do país, o ladrão deixou de ser tão mal visto; o recrutamento progressivo de jovens

AS PALESTRAS DO MONGE

de todas as classes atenderá a uma demanda crescente por esses serviços, a prever que o Brasil, brevemente, tornar-se-á autossuficiente no setor.

O que não podemos deixar de olhar com preocupação é que por conta das leis, ameaças, sanções e perseguições, há uma classe de homens cada vez mais numerosa e inexperta no nosso país que se dedica assiduamente à prática amadorística da arte da empalmação. É certo que há alguns executores habilíssimos, que raramente se deixam surpreender ou descobrir. Não é para esses que meu livro foi escrito. Dirijo-me à maioria, aos novatos e inexperientes, que são desprovidos de conhecimentos elementares, mas nem por isso menos necessários ao verdadeiro ladrão profissional. Meu manual é indicado para esse imenso contingente de ladrões tímidos, ignorantes, noviços e deprimidos, em ordem a familiarizá-los, segundo o talento de cada um, com as mais variadas modalidades de práticas que a indústria do furto atualmente requer: da tunga ao arrastão, da trombada à saidinha, do achaque à pilhagem.

Todos os ladrões, por pouco que saibam ler, terão que comprar meu *manual*, que se converterá em precioso *vade mecum* daqueles que desejem se aperfeiçoar na arte sublime de Robin Hood.

Eu teria ficado até o final da interessante palestra, não fosse o compromisso que cada um assumira de assistir ao jornal da noite, que já estava a ponto de começar, do qual esperávamos uma leitura honesta e esclarecedora dos fatos ocorridos por ocasião da manifestação do Militante e da Filósofa.

Muita ansiedade havia entre nós. Telefonávamos uns para os outros na expectativa de que alguém tivesse alguma novidade que pudesse antecipar ou, ao menos, algum dado do qual pudéssemos deduzir um desfecho favorável. Apesar do estresse que nos contagiava, estávamos sinceramente convencidos de que a verdade estava do nosso lado e que a imprensa iria desmascarar os manifestantes e desmentir seus infundados protestos.

Com esses pensamentos, dirigi-me a um Café, desses que têm TVs para clientes, sentei-me e aguardei. Dali a pouco, ouvi o que nenhum de nós queria ouvir: um relato mentiroso, infame e tendencioso, que visava, ao mesmo tempo, a denegrir a Igreja Católica e favorecer seus detratores. "A Igreja patrocina palestras discriminatórias", "Monge católico prega ideias preconceituosas em pleno mosteiro no centro do Rio". Senti-me desabar ali mesmo; minhas juntas pareciam não suportar meu corpo desfalecente. Um suor frio escorria abundantemente do meu rosto e se depositava no colarinho já encharcado. Percebi, então, que alguém se pôs à minha frente e pediu-me licença para sentar. Mal podia distinguir quem era, contudo aquiesci. Estendeu-me a mão e disse que não devia ficar desapontado com o que acontecera e nem resistir a um processo que é inelutável. Muitos homens sentimentais e impressionáveis querem paralisá-lo em nome de alguma virtude abstrata ou ideia lacrimosa. A Igreja é a grande responsável por essa loucura humana de combater no homem o que corresponde à evolução e ao progresso da espécie. Aquela voz não me era estranha, mas a penumbra do ambiente não permitia que eu identificasse meu interlocutor, que continuou falando:

— Necessito de seu apoio para um empreendimento, do qual depende a futura felicidade dos homens.

Respondi-lhe, incomodado, que cada um sabe de si e que a felicidade dos homens compete aos mesmos identificar e perseguir.

— Quando você tiver uma noção do sistema que eu proponho – disse ele –, talvez sua opinião seja outra. Não lhe custará nada escutar-me. Não procuro esmola, mas compreensão.

Por curiosidade — e também em razão da debilidade em que me encontrava —, dispus-me a ouvi-lo.

AS PALESTRAS DO MONGE

— O homem é um animal, nada mais que um animal. No entanto quis converter-se, por uma perversão única entre os brutos, em algo mais que um animal. Cometeu uma traição, a traição contra a animalidade. E foi castigado por sua prevaricação. Não conseguiu converter-se em anjo e perdeu a beatitude inocente da besta. Por isso, o homem está sempre triste, torturado, doente e insatisfeito. Sua única salvação está em voltar às suas origens, em se reintegrar plenamente à sua natureza autêntica, em voltar a ser inteiramente animal. Todos os grandes pensadores, desde Luciano até Jean Jacques, reconheceram que os homens são tão mais felizes quanto mais brutos forem. Veja que ninguém, exceto eu, concebeu um método racional e seguro para realizar essa nova união entre os homens e seus irmãos com rabo. Devemos voltar a entrar no Paraíso perdido e o Éden não era, lembre-se, senão um imenso jardim zoológico.

A Homero essa ideia já havia ocorrido: Circe era uma maga benfeitora precisamente porque transformou os companheiros de Ulisses em porcos. Este, que representa a astúcia, ou seja, a inteligência corruptora, foi castigado desde que Atena lhe restituiu a condição humana. E como foi castigado imediatamente por esse delito, pode-se ler claramente na Odisseia.

— Compreendo aonde você quer chegar – interrompi –, mas conheço sua voz e desconfio de sua real identidade. Você não é...

— Legião. Sim, sou ele mesmo.

— Mas o Monge não proibiu sua aproximação do lugar onde eu estivesse?

— Ele manda no mosteiro – replicou. – Eu mando no mundo. De qualquer modo, peço um pouco de sua paciência. Afinal, você possui as aptidões necessárias para protagonizar o empreendimento que eu tenho em vista. Eu sou um profeta a serviço da causa do homem, como Zaratustra, mas meu ideal é contrário ao dele: ele era o

Mário Pimentel Albuquerque

precursor da superação, eu sou do embrutecimento. Nós dois, porém, estamos de acordo em sustentar que o estado atual do homem – um compromisso vil entre o símio e o super-homem – é absurdo e insuportável. Não pretendo, como é óbvio, converter os humanos em super-homens, mas intento reconduzi-los à condição simiesca.

Transido de horror e sem reação, eu o ouvia falar e sentia-me de certo modo encantado e dominado por um sentimento que não podia explicar. Sua voz era pausada, sentenciosa e a tal ponto envolvente que mais parecia com a de um enviado de Deus, celestemente dotado para resgatar pecadores e não para perdê-los. Legião continuou a falar:

— Rousseau, meu caríssimo discípulo, pregou o retorno à vida selvagem. Seria um progresso, mas veja que os selvagens se parecem demasiado com os homens e não se parecem bastante com as bestas. Meu sistema é mais radical e há muitos anos que o pus em prática. Eu afirmo que, a despeito de alguns obstáculos, que serão removidos a seu tempo, bastarão algumas poucas décadas para o embrutecimento total do gênero humano e, por conseguinte, para sua felicidade. Tudo o que atormenta e inquieta o homem, ser degenerado e corrompido, desaparecerá como por encanto, predispondo-o lenta, mas seguramente, para o plácido conhecimento instintivo dos primatas. Ainda que os pedagogos da humanidade intentaram torcer a sã animalidade primitiva com todos os sortilégios da literatura, da filosofia e da religião, os homens, porém, conservaram a nostalgia de seu estado animal e sempre que podem voltam radiantes, ao menos por poucos minutos ou poucas horas, a embriagar-se com a pura voluptuosidade das bestas. Enquanto ouvirem a minha voz, lembrar-se-ão sempre das suas origens e não se extraviarão jamais.

— Desculpe-me – disse-lhe com a voz embargada. – Isso é um propósito moralmente condenável e certamente não vingará. Como é que a nossa geração, tão habituada à tecnologia e à comunicação, irá regredir ao nível da besta?

— Pode ficar certo que irá, dentre outras razões, porque a tecnologia e a imprensa me pertencem. Você ficou desapontado com as invencionices divulgadas pelo jornal contra a Igreja e culpou disso, indevidamente, o repórter e a emissora, quando mais acertado seria culpar-me a mim, de quem promanou a ordem que agora você profliga. Saiba que eu criei a imprensa, a minha menina dos olhos; desde suas origens eu a acalentei e protegi, consciente de que ela iria ser útil aos meus planos seis séculos depois. Contra o Arcanjo eu pelejei por ela e acabei vencendo a resistência de Guttenberg, que já ia se inclinando pelas razões contrárias de meu inimigo, que, se bem me lembro, eram estas:

Sim, João, és imortal! Mas a que preço! Por ventura o pensamento de teus semelhantes é sempre bastante puro e bastante santo para merecer que se entregue aos ouvidos aos olhos do gênero humano? Não há muitos, talvez o número maior, que antes mereceriam mil vezes ser afogados e aniquilados do que repetidos e multiplicados? Mais de um século te maldirá em vez de bendizer-te. Nascerão homens cujo espírito será poderoso e sedutor, mas com soberbo e corrompido coração. Sem ti, permaneceriam na sombra, encerrados num estreito círculo, e somente traiam dissabores para os mais próximos e para seus dias; por ti levarão vertigens, calamidades e crimes a todos os homens e a todas as idades. Olha esses jovens pervertidos por livros cujas páginas destilam os venenos do espírito! Olha esses pais envergonhados de suas filhas! João, não é demasiado cara a imortalidade conquistada com tantas lágrimas e angústias? Desejas a glória a esse preço? Crê-me, João; vive como se nada houvesses descoberto. Considera teu invento como um sonho sedutor, mas funesto, cuja execução somente seria útil e santa se o homem fosse

> bom... Mas o homem é mau, e prestar armas ao malvado não é participar de seus crimes?[130]

Nesse ponto eu intervim e fi-lo ouvir meus argumentos, baseados no poder e na glória que um tal artefato traria para seu inventor. A mim, portanto, deve-se a invenção da imprensa.

Por outro lado, desde que o crucificado me expulsou a chibatadas do templo, venho acumulando riqueza e poder ao longo dos tempos, de modo a viabilizar minha estratégia para o embrutecimento do homem. Penso que chegou o momento de revelá-la, não sem antes deixar bem explícito que ela constitui a minha obra-prima, resultado de várias tentativas e erros através dos séculos, o produto mais sofisticado que nenhuma imaginação sobrenatural jamais ousou rivalizar: o *comunismo*. A ele dediquei minhas reflexões mais fecundas, e sob a férula de uma doutrina trabalhada milenarmente suscitei meus homens de confiança, generais do meu exército: Karl, Friedrich, Ivan Ilitch, Antônio etc.

— Devo concluir, então, que o comunismo quer brutificar o homem. Sendo assim, e admitindo que isso possa ser possível, indago: por que meio os homens se comunicarão numa sociedade comunista?

— Boa pergunta, meu caro. Até hoje, o maior fator de desigualdade entre os homens é o pensamento por conceitos; ao discurso racional se deve a distinção entre a elite e a massa, entre o sábio e o ignaro, entre o gênio e o vulgo. Com o comunismo essas distinções não terão mais razão de ser. Todos, indistintamente, serão massa, ignaros e vulgos. Com essa medida, serão eliminadas todas as fontes de conflitos, discórdias e opressão, visto que todo ato opressivo é sempre concebido por um pensamento lógico e justificado por um argumento racional. Antes que você me pergunte, já me antecipo para dizer que numa verdadeira sociedade comunista não há espaço para a

---

[130] A. de Lamartine, *Civilizadores y conquistadores*, Madri, p. 138, 1905.

AS PALESTRAS DO MONGE

lógica, para a coerência e para a verdade. Seus membros não pensarão com o cérebro, mas com as mãos. As mãos são os órgãos mais democráticos do corpo humano, suas formas são iguais em todos e seus gestos são compreendidos por todo mundo. Claro que não se deve cair no erro das quiromantes que creem poder, pelo estudo das linhas das mãos, penetrar nas mais sutis delicadezas do caráter, ou até mesmo prever os acontecimentos futuros mais insignificantes.

Entretanto não é duvidoso que há em cada mão uma individualidade que pode ser reconhecida, compreendida e controlada. Não há duas folhas iguais entre as incontáveis folhas da floresta. Com maior razão, não haverá, entre todas as mãos humanas, duas mãos idênticas ou que se prestem à confusão a olhos exigentes e perscrutadores. Há mãos audaciosas e mãos tímidas, mãos sensuais e mãos místicas, mãos práticas e mãos sonhadoras. A alma se reflete na estrutura do ser na exata medida em que o pensamento exerce influência sobre o corpo, especialmente sobre ambas as mãos. Não constitui ofensa ao bom senso atribuir alguma importância, para julgar o caráter, ao aspecto das mãos. Para mim, mesmo com o risco de ser acusado de puerilidade, não é digno de minha confiança um homem cuja mão seja mutilada, desarmônica ou grosseira.

Os movimentos da mão traduzem fielmente os movimentos da alma. Os fisiologistas puderam, por observações minuciosas e precisas, estabelecer que cada emoção repercute sobre os músculos da mão, e que a agitação quase imperceptível dos dedos revela a agitação interior. Frequentemente, a inquietação não é imperceptível e, então, os gestos da mão são bastante eloquentes para exprimir as intenções e as paixões. Esfregar as mãos nos grandes desesperos, ou levantá-las para safar-se de um ladrão, são movimentos que denotam a intimidade autêntica do ser humano. Da mesma forma, a ameaça, a cólera, o horror e qualquer outra paixão, arrebatada ou contida, não são bem expressadas nem percebidas a não ser quando a mão fala a linguagem universal dos sentimentos humanos.

O pensamento com as mãos, porém, é apenas uma etapa na involução da humanidade. Meu objetivo primordial com o comunismo é fazê-la regredir até a fase da comunicação com as patas, quando, então, o homem se libertará dos caprichos da civilização e se reconciliará definitivamente com seus irmãos quadrúpedes.

A seita herética dos Barbaritas, das primeiras épocas do cristianismo, pretendia que a mão fosse a síntese de toda vida humana. O homem seria *homem* graças às suas mãos. Na origem, os homens tinham patas como os cães e viviam felizes trotando e dando patadas. Era o paraíso. Até que um dia, um gênio inimigo se compadeceu dos humanos e lhes concedeu as extremidades superiores produtoras de todas as discórdias. Com as mãos, o homem fez uso de instrumentos e dominou a natureza, ao mesmo tempo em que – desarvorado – sacudiu o jugo da animalidade e fez-se bípede. Toda a civilização não é senão a obra da mão associada ao cérebro. A ignorância, essa deliciosa etapa do declínio radiante da espécie humana, é o equivalente da humanidade sem mãos, e é para ela, eu lhe asseguro, que convergem os esforços dos intelectuais e militantes comunistas que apenas reforçam uma tendência que é inelutável: a degenerescência do cérebro e a atrofia das mãos.

Se as coisas caminharem bem, poderemos incrementar progressivamente o apostolado pelo embrutecimento da humanidade. Surgirão, certamente, objeções, reações, oposições e até mesmo violências, especialmente por parte da Igreja, essa chaga incurável da raça humana. Aqui é que você entra, e por isso pensei em você antes que em qualquer outro. No nosso primeiro encontro, malgrado a oposição do Monge, eu iria pormenorizar meu projeto e sua participação nele, que não é insignificante. Infelizmente, as coisas não saíram como eu esperava.

— Pensou em mim? Como é isso? O que você tem em mente a meu respeito?

— Nada mais que isso: quero aumentar o número de agentes infiltrados na Igreja Católica. Os que eu já infiltrei no passado, em sua grande maioria, limitaram-se a denegrir seus membros com mentiras, difamações e calúnias, no que foram briosamente ajudados pela imprensa. Essas escaramuças, conquanto proveitosas, deixaram, porém, intactas a santidade e as tradições da *infame*. Desejo agora atacá-la de frente, em sua história, em seus santos, em seus dogmas. A tarefa não é difícil nem perigosa: requer apenas iniciativa e desejo de progredir e de ficar rico. Concluí agora, por seiscentos milhões de reais, um acordo com uma revista para fazer um trabalho sórdido, e muitos outros veículos de comunicação já estão aparelhados para dar aos infiltrados apoio logístico e operacional na forma de imposturas e ultrajes contra Israel e o Vaticano ao mesmo tempo em que se dissimulam ou justificam as bravatas muçulmanas. Como se vê, o trabalho não exige grandes dispêndios de energia nem exposição a riscos. Sei que você tem bons conhecimentos teológicos e tem livre trânsito entre os meus inimigos. Isso, para mim, é suficiente e constituiu a razão pela qual me lembrei de você.

"Quando chegar o momento em que os postos de responsabilidade no clero sejam nossos e submetidos ao nosso governo popular, poderemos paulatinamente erradicar os elementos da liturgia incompatíveis com o governo popular. As primeiras mudanças serão dos sacramentos e das orações. Logo se protegerão as massas contra a coerção e pressão para ir à igreja, de praticar a religião ou de organizar grupos coletivos representando qualquer seita religiosa. Quando a prática da religião converter-se em responsabilidade individual, sabemos que a religião lentamente será esquecida. As novas gerações substituirão as antigas e a religião será um episódio do passado, digno de ser tratado nas histórias escritas sobre o movimento comunista mundial".[131]

"Você vai descobrir que uma boa parte dos escritores políticos cristãos pensa que o cristianismo começou desde muito cedo a tomar o rumo errado e a abandonar a doutrina de seu fundador. Devemos usar essa ideia para encorajar novamente o conceito de um 'Jesus histórico', que só será encontrado depois de expurgarem os 'acréscimos e as perversões' posteriores, para depois ser contrastado com toda a tradição cristã. Na geração passada, promovemos a construção de um tal 'Jesus histórico' em linhas humanitárias e liberais; agora, estamos estimulando um novo 'Jesus histórico' em termos marxistas, catastróficos e revolucionários. As vantagens dessas construções, que pretendemos mudar a cada trinta anos mais ou menos, são múltiplas. Em primeiro lugar, todas tendem a direcionar a devoção do homem a algo que não existe, pois todo 'Jesus histórico' é a-histórico... Em segundo lugar, cada uma dessas construções situa a importância de seu Jesus histórico com base em alguma teoria peculiar, supostamente promulgada por ele. O 'Jesus histórico' tem de ser um 'grande homem' no sentido moderno da palavra – alguém que se coloca no fim de uma linha de raciocínio centrífuga e desequilibrada –, uma manivela que vende uma panaceia. Assim, o negócio é distrair a mente do ser humano daquilo que ele é e daquilo que ele fez... Nosso terceiro objetivo, por meio desse tipo de interpretação, é destruir a vida devocional, substituindo a presença real do Inimigo, que pode ser experimentada pelos homens na oração e no sacramento por uma figura meramente imaginativa, remota, sombria e boçal, de uma pessoa que falou uma língua estranha e morreu há muito tempo. Tal objeto, com efeito, não deveria ser adorado. Em vez de o Criador sendo adorado pela criatura, você logo terá meramente um líder aclamado por um militante, e, por fim, um perso-

---

[131] José Cícero Honorato, *O documento li wei han: um passaporte vermelho para o inferno*, p. 28, 2015.

AS PALESTRAS DO MONGE

nagem ilustre aprovado por um historiador meticuloso... O 'Jesus histórico", portanto, por mais perigoso que isso possa parecer para nós em algum momento específico, deve ser incentivado sempre. Quanto à ligação geral entre cristianismo e política, nossa posição é um pouco mais delicada. Certamente, não queremos que os homens permitam que o seu cristianismo transborde para a sua vida política, pois o estabelecimento de qualquer coisa parecida com uma sociedade realmente justa seria um desastre de grandes proporções. Por outro lado, nós de fato desejamos, e desejamos ardentemente, fazer com que as pessoas tratem o cristianismo como um meio; preferencialmente, é claro, como um meio para o seu próprio benefício, mas, se isso falhar, como meio para qualquer outro fim – até mesmo para a justiça social... A coisa a se fazer é levar o homem a valorizar, em primeiro lugar, a justiça social como uma demanda do Inimigo e, depois, fazer o homem chegar ao estágio no qual ele valorizará o cristianismo porque este pode gerar a justiça social; pois o Inimigo não deseja ser usado como mera conveniência. Pessoas ou nações que pensam que podem reavivar a fé para criar uma sociedade boa, poderiam achar, no mesmo sentido, que elas podem usar as estrelas do céu como um atalho para a drogaria mais próxima. Felizmente, é bem fácil manipular os seres humanos para entrarem nessa".[132]

Você pode pensar que a tarefa que ora lhe proponho seja muito árdua, e insensata a intenção de realizá-la Não se engane com as aparências. Seu trabalho junto da Igreja será bastante facilitado com a ajuda de outros infiltrados e pela tolerância, eu diria mesmo, permissividade, de muitos padres e bispos que, ludibriados ou de má-fé, traem a infame e vexam os fiéis.

Eu mal podia acreditar no que via e ouvia. O estado deplorável da minha resistência física não permitia que eu retrucasse às blasfêmias achacadas contra a Igreja de Cristo, como convinha, aliás, a um bom cristão. Só Deus

---

[132] Clive S. Lewis, *Cartas de um diabo a seu aprendiz*, Rio de Janeiro, pp. 125-128, 2017.

sabe o esforço que fiz para direcionar a conversa em vista de um fim conciliador que, ao mesmo tempo em que a abreviasse, não comprometesse minha integridade física, afinal, Legião é forte e traiçoeiro. Encontrei-o numa simples e despretensiosa pergunta que lhe fiz, pergunta que lhe arrefeceu o ânimo, de vez que, certamente, prometera ao interessado não revelar o que minha pergunta o constrangia a confessar.

— Alguém mais foi sondado, além de mim?

— Sim, sondei alguns de seus colegas. Uns diretamente; outros por interposta pessoa.

— Quantos concordaram, se é que alguém concordou?

Querendo ficar bem comigo, e talvez pensando que ao revelar o nome do trânsfuga, encorajar-me-ia a fazer outro tanto, disse:

— Na verdade, só um concordou. Antônio é o seu nome, a quem você chama de Incógnito. Por sinal, ele é uma grande aquisição do inferno. E torce para que ambos ponham logo as mãos na massa.

Para despedi-lo imediatamente, tive que lhe prometer que pensaria em sua proposta e que lhe participaria minha decisão ao cabo de uma semana. Legião saiu do restaurante, não sem antes fitar-me fixamente com seus imensos olhos de fogo.